KB117451

서사의 위기

Die Krise der Narration
by Byung-Chul Han
© MSB Matthes & Seitz Berlin Verlagsgesellschaft mbH, Berlin 2023

All rights reserved. No part of this book may be used or reproduced
in any manner whatever without written permission except in the
case of brief quotations embodied in critical articles or reviews.

Korean Translation Copyright © 2023 by Dasan Books Co., Ltd
Korean edition is published by arrangement with MSB Matthes &
Seitz Berlin through BC Agency, Seoul

이 책의 한국어판 저작권은 BC에이전시를 통해 저작권사와 독점 계약한
'다산북스'에 있습니다. 저작권법에 의해 보호를 받는 저작물이므로 무단 전재와
복제를 금합니다.

서사의 위기

한병철 지음 ― 최지수 옮김

Die Krise der
Narration
Byung-Chul Han

다산
초당

보라, 이야기다.

이야기하기 위해 인내하라.
그 후엔 이야기를 통해 인내하라.

- 페터 한트케 Peter Handke

지금 우리는 스마트한 지배에 예속되어 있다. 억압도, 저항도 없이 삶을 게시하고 공유하고 좋아하도록 지배당한다. 새롭고 자극적인 뉴스거리가 넘쳐나는 시대, 이슈에서 이슈로 빠르게 이동하는 사람들, 스스로 자기 존재를 정보로 전락시키는 사회에서 개인은 각자의 이야기, 즉 서사를 잃고 우연성에 휩싸인 채 폭풍우 한가운데서 부유한다.

정보 과잉 사회는 그 속에서 '스토리텔링'을 외친다. 사람들은 마치 자신의 이야기를 전시하듯 소셜 네트워크 서비스에 찰나의 장면들을 끊임없이 공유하고 공감 버튼을 누른다. 그러나 그 안에 의미는 없다. 사라져 버릴 정보에 불과하다. 무언가를 끝없이 공유하고 타인과 교류하면서도 고립감을 느끼는 이유가 여기에 있다. 스토리텔링은 '스토리셀링 Storyselling'이라는 자본주의의 달콤한 무기가 되어 마치 의미가 있는 것처럼 사람들을 유혹한다. 세상으로부터 충격받고 저항하고 간극을 느끼며 자신만의 철학을 쌓아올릴 기회를 빼앗고 그저 '좋아요'를 외치게 만든다.

스토리는 서사가 아니다. 스토리, 즉 정보는 끊임없이 등장하는 다음 스토리로 대체되어 사라진다. 반면 서사는 나만의 맥락과 이야기, 삶 그 자체다 나의 저 먼 과거와 현재, 미래를 연결하기에 방향성을 띤다. 곧 사라져 버릴 정보에 휩쓸려 자신만의 이야기를 잃은 사회, 내 생각과 느낌과 감정을 말하지 못하고 입력한 정보를 앵무새처럼 내뱉는 사회의 끝은 서사 없는 '텅 빈 삶'이다.

업데이트 강박에 시달리는 정보 사냥꾼은 지식보다 정보에, 공동체보다 커뮤니티에, 공감보다 정보 교환에 빠져들며 파편적인 스토리를 무한히 재생산한다. 지금 당신의 삶은 어떠한가. 현재를 과거와 연결하며 맥락을 이어나가고 있는가? 존재를 망각한 채 자신의 아우라를 외면하고 무작위성에 휩쓸리고 있지는 않은가? 그건 삶이 아니다. 하나의 문제에서 또 다른 문제로 아슬아슬하게 매달려 다니는, 연약하고 적나라한 '생존'이다.

한병철 저자는 이와 같은 이야기를 철학적 근거와 첨예한 분석으로 풀어나간다. 왜 우리는 삶의 의미를 갈망하면서도 인내심을 가지고 자신의 이야기에 귀 기울이지 못하는지, 왜 끝없는 불안과 공허에 빠지는지, 그래서 나의 서사는 무엇인지 깊이 사유하게 한다. 서사 속에 존재의 닻을 내리고 싶다면 코

앞의 이슈를 좇는 데서 한 발짝 벗어나 먼 거리에서 시선을 유지해야 한다. 이는 서사의 회복뿐만 아니라 타인과의 진정한 소통을 가능케 한다.

"삶은 이야기다. (…) 이야기에는 새 시작의 힘이 있다. 세상을 변화시키는 모든 행위는 이야기를 전제한다. 이와 반대로 스토리텔링은 오로지 한 가지 삶의 형식, 즉 소비주의적 삶의 형식만을 전제한다. (…) 다른 이야기, 다른 삶의 형식, 다른 지각과 현실에는 눈멀게 한다. 바로 여기에 스토리 중독 시대 서사의 위기가 있다."(『서사의 위기』 136~137쪽) 부디 이 책을 통해 현시대를 정확하게 직시하고 삶의 새로운 이야기를 시작하길 바란다.

차례

이야기에서 정보로

프랑스 일간지 《르 피가로》를 창간한 이폴리트 드 빌메상Hippolyte de Villemessant은 정보의 본질을 다음의 한 문장으로 정리했다. "우리 독자들은 마드리드에서 일어난 혁명보다 파리 라틴 숙소에서 일어난 지붕 화재에 더 큰 관심을 보인다."[1] 발터 벤야민 Walter Benjamin은 이를 더욱 구체화해 다음과 같이 말했다. "더 이상 멀리서 오는 지식이 아닌, 바로 다음에 일어날 일의 단서를 제공하는 정보만이 공감을 얻는다." 신문 독자들의 관심은 코앞에 놓인 것 이상을 벗어나지 않는다. 그들의 관심은 호기심거리로 **축소**된다. 근대의 신문 독자들은 시선을 **멀리** 두고 머무르는 대신, 하나의 뉴스거리에서 다른 뉴스거리로 관심을 이동시킬 뿐이다. **길고 느리게 머무르는** 시선은 독자들에게 없다.

서사, 즉 이야기에 내재해 있는 전승적 지식은, 정보와는 완전히 다른 시공간적 구조로 되어 있다. 일단 지식은 '멀리서' 온다. 이러한 **원격성**은 지식의 본질적 특성이다. 또한 원격성의 점진적 해체는 근대의 특징이다. 원격성은 무간격성에 자리를 내주며 점차 사라져 간다. 정보란 모든 것을 가용범위에 두는 이러한 무간격성의 자연적 발현이다. 반면 지식은 **가용범위에 있지 않은 원격성**을 특징으로 삼는다. 지식은 가용성과 예측 가능성과는 거리가 먼, **서사가 담긴** 사건을 전달한다. 그리고 우리는 **운명의 힘**에 이끌리듯 그러한 사건에 이끌린다.

정보는 인식의 순간 이후 더는 살아 있지 못한다. "정보는 그것이 새로운 동안에만 가치 있기 때문이다. 그 순간에만 살아 있다. 오로지 순간의 시점에 사로잡히며 정보 그 자체에 대해 설명할 시간은 없다."[2] 정보와 달리 지식은 그 순간을 넘어서 **앞으로 다가올 것**과도 연결되는 시간적 폭이 있다. 그래서 지식은 **이야기로 가득**하다. 지식 안에는 **서사적 진폭**이 내재해 있다.

정보는 새로운 것을 찾아 세상을 샅샅이 뒤지는 **리포터**의 매체다. **이야기하는 사람**은 그 반대의 일을 한다. 이야기하는 사람은 정보를 전달하거나 설명하지 않는다. 이야기하기의 예술은 정보를 내주지 않는 것이다. "이야기를 그대로 재현함으로써 설명으로부터 자유롭게 만드는 것이 이미 이야기하기 예술의 절반을 완성한다."[3] 내주지 않는 정보, 즉 빠져 있는 설명이 서사적 긴장을 고조시킨다.

무간격성은 근접성과 원격성 모두를 파괴한다. 무간격성과 근접성은 같지 않다. 근접성 개념에는 원격성의 개념이 포함되어 있기 때문이다. 근접성과 원격성은 상호 의존적이고 서로를 존재하게 한다. 이러한 근접성과 원격성의 조화로운 공동작용은 **아우라**를 만들어낸다. "기록이란 아무리 멀리 있어도 근접성이 발현한 현상이며, 아우라란 아무리 가까이 있어도 원격성이 발현한 현상이다."[4] 아우라는 **서사적**이다. 아우라는 먼 것으로 **가득**하기 때문이다. 반면 정보는 원격성을 버림으로써 세계를 탈아우라화entauratisieren하고 탈신비화entzauberen한다. 정보는 단지 세상을 앞에 **전시**할 뿐이다. 그럼으로써 세상을 손에 잡히도록 한다. 그와달리 먼 곳을 가리키는 '기록'은 암시하는 바가 풍부하게 들어 있어 **이야기로 이어진다**.

근대의 서사적 위기는 세상이 정보로 과포화되는 데 원인이 있다. 이야기 정신은 정보의 홍수에 목이 졸린다. 벤야민은 다음과 같이 말했다. "이야기하기 예술이 희귀해졌다면 정보의 확산이 이러한 사태에 결정적인 역할을 했을 것이다."[5] 정보는 '설명할 수 없고 오로지 이야기로 전해지는 일'은 취급하지 않는다.

이야기에는 경이롭고 의미심장한 무언가가 있다. 이들은 은밀한 것에 반대되는 정보와 결코 조화를 이룰 수 없다. 설명과 이야기는 상호 배타적이다. "매일 아침이 세상 만물의 새로움을 우리에게 알려 준다. 그럼에도 우리에게는 기억할 만한 이야기가 부족하다. 왜일까? 설명이 들어가 있지 않은 일은 더 이상 우리에게 도달하지 않기 때문이다. 달리 말하면, 벌어지는 거의 모든 일이 이야기가 아니라 정보에 사용되기 때문이다."[6]

벤야민은 역사가 헤로도토스Herodotos를 이야기의 대가로 예찬했다 헤로도토스의 이야기하기 예술을 잘 나타내는 예로, 사메니투스 왕 일화가 있다. 이집트의 왕 사메니투스가 페르시아 왕 캄비세스에게 패배해 붙잡혔을 때, 페르시아의 개선 행진을 억지로 지켜봐야 하는 굴욕을 당했다. 붙잡힌 자기 딸이 하녀가 되어 지나가는 광경도 목도해야만 했다. 길가에 서 있는 모든 이집트인이 슬피 우는 동안 사메니투스 왕은 아무 말도 없이 눈을 바닥에 고정한 채 가만히 서 있기만 했다. 뒤이어 자기 아들이 사형장에 끌려가는 것을 볼 때도 그는 미동도 않고 서 있었다. 그러나 포로로 잡혀 온 사람 중에서 자기 수하에 있던 늙고 허약한 하인 한 명을 알아보았을 때, 그는 주먹으로 머리를 치며 깊은 슬픔을 분출했다.

벤야민은 헤로도토스의 이 이야기에서 진정한 이야기하기란 무엇인지 깨달을 수 있다고 말한다. 벤야민은 이집트 왕이 어째서 하인을 보고서야 비로소 슬피 울었는지를 설명해 내고자 시도한다면, 그건 곧 서사적 긴장을 파괴하는 행위라고 말한다. 설명을 삼가는 것은 진정한 이야기하기의 필수 조건이다. 서사는 설명을 자제한다. "헤로도토스는 아무것도 설명하지 않는다. 그의 서술은 그 무엇보다 건조하다. 이것이 바로 고대 이집트의 일화가 수천 년이 지나서도 여전히 경탄과 숙고를 자아내는 이유다. 이는 마치 피라미드 안에 밀폐된 채 수천 년 동안 보관되어 오늘날까지 발아력이 보전된 씨앗과도 같다."[7]

벤야민에 따르면 이야기는 '모든 걸 내보이지 않는다.' 이야기는 '그 힘을 내면에 모은 채 보전하다가 오랜 시간이 지난 뒤에도 다시 펼쳐낼 수 있는 것'이다. 반면 정보는 완전히 다른 시간성을 보인다. 정보는 좁은 최신성의 폭 때문에 매우 빠르게 소진된다. 정보는 오로지 찰나의 순간에만 작동한다. 영구한 발아력을 지닌 씨앗이 아닌, 티끌이나 다름없다. 정보에는 발아력이 결여되어 있다. 한번 인식되고 나면, 이미 확인을 마친 부재중 메시지처럼 무의미성 속으로 침잠한다.

벤야민은 이야기의 몰락을 알리는 최초의 징후가 근대 초기 소설이 등장했을 때 나타난다고 보았다. 이야기는 경험을 먹고 자라며 한 세대에서 다음 세대로 전승된다. "이야기의 서술자는 이야기할 내용을 경험에서 얻는다. 직접적 경험일 수도, 들은 것일 수도 있다. 그리고는 자신의 그러한 경험을 다시금 듣는 사람의 경험으로 만든다."[8] 이야기는 그 안에 든 풍부한 경험과 지혜로 삶을 살아가는 사람들에게 조언을 준다. 반면 허구에 기반한 소설은 '삶을 살아가는 사람들의 깊은 답답함'을 드러낸다.[9] 이야기는 공동체를 형성하는 반면, 소설은 고독과 고립에 처한 개인이 낳은 산물이다. 심리분석이 포함된, 그리고 해석이 곁들여진 소설과 달리 이야기는 서술적이다. "특이한 것, 놀라운 것을 최대한의 정확성으로 서술하면서도 사건의 심리적 맥락을 독자들에게 주입하지는 않는다."[10]

하지만 이야기를 최종적으로 몰락시킨 것은 소설이 아니라 자본주의 사회에 등장한 정보다. "이제 우리는 역사를 아무리 거슬러 올라가도 서사적 형식에 영향을 미친 적이 결코 없었던 메시지의 형식이, 언론이 시민계급에 대한 숙달된 지배를 가능케 하는 주요 도구가 된 고도 자본주의하에서 시민계급에 대한 완전한 지배수단으로 부상했음을 알게 되었다. 이제 그 일을 정보가 수행한다. 정보는 이야기와 다르면서도 소설보다 훨씬 위협적이라는 점이 드러났다. (…) 이 새로운 메시지의 형식이 바로 정보다.”[11]

이야기를 할 때는 이완의 상태가 필요하다. 벤야민은 정신적 이완의 절정을 위해 지루함을 강화한다. 이 지루함은 ‘경험의 알을 부화시키는 꿈의 새’로 ‘꿈꿀 때 몸을 휘감는, 안쪽은 작열하듯 화려한 비단 안감이 둘러쳐진 따뜻한 회색의 천’이다.[12] 그러나 신문이라는 종이의 숲에서 나는 바스락대는 정보 소음Informationslärm은 꿈의 새를 쫓아낸다. 이 숲에서는 ‘더 이상 이야기의 짜임이 일어나지 않는다.’ 오직 정보만이 자극의 형식으로 생산되고 소비된다.

이야기하기와 귀 기울여 듣기는 상호 의존적이다. 이야기 공동체는 **귀 기울여 듣는 사람들의 공동체**다. 귀 기울여 듣는 행위에는 특별한 주의 집중이 필요하다. 귀 기울여 듣는 사람은 자기를 잊고 들리는 내용에 **몰두**한다. "귀 기울여 듣는 사람이 몰아의 상태로 접어들수록 들리는 내용은 그 사람의 마음에 더 깊이 남는다."[13] 귀 기울여 듣기의 능력은 갈수록 사라진다. 몰아의 상태로 경청하는 대신 **자기 자신을 생산**하며, **자기 자신에게 귀를 기울이기** 때문이다.

디지털로 된 종이의 숲인 인터넷에는 더 이상 꿈의 새가 살 둥지가 없다. 정보 사냥꾼들이 꿈의 새를 사냥하기 때문이다. 지루함을 허용하지 않는 오늘날의 과잉활동성 안에서 우리는 결코 깊은 정신적 이완 상태에 도달하지 못한다. 정보사회는 **정신적 고도 긴장**의 시대를 열고 있다. 정보의 본질이 다름 아닌 놀라움의 자극이기 때문이다. 정보의 쓰나미는 우리의 지각 기관을 지속적으로 자극한다. 우리의 지각 기관은 더 이상 관조적 상태로 전환되지 못한다. 정보의 쓰나미는 주의를 파편화한다. 그것은 본질적으로 이야기하기와 귀 기울이기에 필요한 관조적 머무름을 방해한다.

디지털화는 벤야민이 살던 시대에는 전혀 예상하지 못했던 프로세스를 작동시킨다. 벤야민은 정보를 언론과 연관 지었다. 언론은 이야기와 소설과는 또 다른 메시지 전달 형식이다. 디지털화가 진행되는 동안 정보는 완전히 다른 상태로 접어든다. **현실이 곧 정보와 데이터의 형식으로 변환된다.** 현실이 정보화되고 데이터화된다. 우리는 그러한 현실을 정보로 받아들이거나 아니면 정보를 통해 인식한다. 정보는 표상, 즉 재현존화한 것이다. 현실의 정보화는 직접적인 **현존 경험**Präsenz-Erfahrung을 약화시킨다.

벤야민 이후 한 세기 동안 정보는 **신**新 **존재형식** Seinsform, 즉 **신 지배형식**으로 변해왔다. 신자유주의와

맞물려 **정보체제**가 자리 잡는 과정이 억압적이지 않고 오히려 매혹적으로 진행되었다. 이들은 **스마트**한 형식을 취하고 있다. 명령이나 금지로 작동하는 게 아니다. 이들은 우리에게 침묵을 허용하지 않는다. 오히려 스마트한 지배는 지속적으로 우리의 의견, 필요, 선호를 소통하라고, 삶을 서술하라고, 게시하라고, 공유하라고, 링크로 걸라고 요구한다. 이때 자유는 억압되기는커녕 철저히 혹사된다. 자유가 결국 통제와 제어로 전복되는 것이다. 스마트한 지배는 그 존재를 특별히 드러낼 필요가 없다는 점에서 매우 효율적이다. 이들은 자유와 소통의 탈 속에 숨어 있다. 게시하고, 공유하고, 링크를 거는 동안 우리는 스스로를 지배의 흐름에 예속시킨다.

현대인은 정보와 소통에 도취되어 몽롱하다. 이 상태에서 우리는 더 이상 소통의 주인이 아니다. 의식된 통제로부터 벗어난 정보의 교류에 몸을 내맡긴 상태다. 소통은 점점 더 외부에 의해 유도된다. 자기 자신은 알아채지 못한 채 알고리즘으로 조종되는 자동적이고 기계적인 프로세스에 예속된 것처럼 보인다. 우리는 알고리즘으로 움직이는 블랙박스의 손에 내맡겨진다. 인간은 제어하고 착취할 수 있는 데이터 기록으로 축소된다.

정보체제하에서는 극작가 게오르크 뷔히너Georg Büchner의 말 또한 유효하다. "우리는 줄에 묶여 알려지지 않은 위력에 끌려다니는 꼭두각시 인형이다. 스스로는 아무것도, 아무것도 아니다!" 이 힘은 우리가 그것의 존재를 더 이상 지각할 수 없을 만큼 더욱 섬세해지고 비가시적으로 진화해 갈 뿐이다. 심지어 우리는 이 힘을 자유와 혼동한다. 찰리 코프먼Charlie Kaufman의 스톱모션 애니메이션 영화 「아노말리사Anomalisa」는 스마트한 지배 논리를 극명하게 드러낸다. 영화는 모든 사람이 똑같이 생기고 똑같은 목소리로 말하는 세상을 보여준다. 이 세상은 역설적이게도 진정성과 창의성이 요구되는, 신자유주의적인 동일성의 지옥으로 묘사된다. 영화의 주인공인 마이클 스톤Michael Stone은 성공적인 동기부여 트레이너다. 어느 날 그는 자신이 인형임을 인지하게 된다. 그러다 그의 얼굴에서 하관 조각이 떨어져 나가고 그는 그것을 손에 받아 든다. 그는 경악한다. 떨어져 나온 그의 입이 스스로 지껄이고 있었기 때문이다.

경험의 빈곤

벤야민은 임종을 앞둔 아버지가 아들들에게 포도밭에 보물이 숨겨져 있다고 유언하는 이야기로 에세이 「경험과 빈곤Erfahrung und Armut」을 시작한다. 그 유언을 들은 아들들은 매일 포도밭을 팠지만 보물은 찾을 수 없었다. 가을이 되자 아들들은 아버지가 그 유언을 통해 축복은 금이 아니라 근면에서 나온다는 경험을 물려주셨다는 걸 깨달았다. 다른 어디서도 찾아볼 수 없는 좋은 포도밭이 만들어졌기 때문이다. 경험은 한 세대에서 다른 세대로 **전승**된다는 특징이 있다. 벤야민은 근대에 만연한 경험의 상실을 비탄했다. "다 어디로 사라졌는가? 무언가를 제대로 이야기할 수 있는 사람을 만나는 이가 아직 존재하는가? 떠나는 이들로부터 남겨진, 세대에서 세대로 대물림되는 반지와 같이 견고한 말들은 다 어디로 갔는가? 오늘날 격언은 누구에게 도움이 되는가?"[14] 사회에서는 입에서 귀로 흘러 들어가는 전승 가능한 경험이 계속해서 결핍되어 간다. 이젠 더 이상 전승되지 않고 이야기되지 않는다.

벤야민에 따르면, 이야기하는 사람은 '청자에게 조언을 주는' 사람이다.[15] 조언은 문제에 대한 단순한 해결책만 약속하는 것이 아니다. 조언은 **이야기가 어떻게 이어지면 좋을지**에 대한 제안이다. 조언을 구하는 사람뿐 아니라 조언을 해주는 사람도 하나의 이야기 공동체에 속한 셈이다. 조언을 구하는 사람은 스스로 **이야기**할 수 있어야 한다. 조언은 이야기의 맥락이 되는 그 사람의 일상에서 탐색되고 얻어진다. 조언은 **지혜**로서 '삶의 구조에 녹아들어' 있다.[16] 그리고 이러한 **지혜**는 **이야기로서의 삶**에 내포되어 있다. 따라서 삶이 더 이상 이야기될 수 없게 되면 그 안의 지혜도 소멸된다. 그리고 지혜가 사라진 자리는 **문제**

해결의 기술이 대체한다. 지혜는 **이야기되는 진리**다. '이야기하기 예술은 끝을 향해 가고 있다. 진리의 서사적 측면인 지혜가 사멸하고 있기 때문이다.'[17]

경험은 전승과 연속성을 전제한다. 경험은 삶을 이야기될 수 있도록 만들고 안정화한다. 경험이 사라진 곳, 즉 구속적이거나 지속적인 것이 더 이상 존재하지 않는 그런 곳에는 **벌거벗은 삶**, 즉 **생존의 삶** Überleben밖에 남지 않는다. 벤야민은 경험이 결핍된 근대에 대한 자신의 회의를 명료하게 표현한다. "아니, 이것만은 분명하다. 경험은 그 가치를 잃었다. (…) 마차로 학교에 가던 세대는 구름 빼고는 모든 게 변한 풍경의 야외에 서 있다. 그 파괴적인 흐름과 폭발의 역장力場 한가운데에 미미하고 연약한 인간의 몸이 서 있다."[18]

그러나 이런 의심에도 벤야민은 다시금 근대를 낙관하는 의지를 보였다. 그는 종종 우울한 어조에서 갑자기 환희에 찬 어조로 전환한다. 경험의 상실 속에서도 그는 '새로운 아름다움'을 발견할 수 있다고 여겼다. 경험의 빈곤은 새로운 종류의 야만성을 나타내지만 거기서 긍정적인 부분을 찾아볼 수 있다는 것이다. "야만성? 사실 그렇다. 나는 새롭고 긍정적인 야만성의 개념을 도입하기 위해 말해보고자 한다. 경험의 빈곤이 야만인을 어디로 데려가는가?"[19]

경험은 이야기적 연속체를 형성한다. 신 야만인은 이러한 경험이 내재해 있는 전승의 맥락으로부터 자기 자신을 추방시킨다. 경험의 빈곤은 야만인을 '처음부터 다시 시작하기, 새로운 것에서 시작하기'로 이끈다. 야만인은 **새로운 것의 파토스**Pathos des Neuen 로부터 영감을 받는다. 이들은 현재의 문제를 정리한다. 그리고 자기 자신을 이야기 화자가 아닌 '구성자Konstrukteur'로 여긴다. 벤야민은 이러한 신 야만성을 **새로운 것의 원칙**으로 일반화한다. "구성자의 예로 데카르트가 있다. 데카르트는 처음에 '나는 생각한

다. 고로 존재한다'라는 유일한 확실성 외에 아무것
도 본인의 철학에 두지 않으려 했고, 거기서부터 생
각을 펼쳐 나갔다."[20]

신 야만인은 경험의 빈곤을 해방으로 여기고 즐
거워한다. "경험의 빈곤, 이것을 마치 사람들이 새로
운 경험을 갈망하게 하는 현상이라고 생각하면 안
된다. 그렇다. 그들은 오히려 경험에서 자유로워지
기를 갈망하고 자기의 외부적인, 그리고 종국에는
내부적인 빈곤이 순수하고도 거침없이 통용되어 자
기들에게 적당한 어떤 것이 나타날 수 있는 환경을
갈망한다."[21] 벤야민은 경험의 빈곤을 환상 없이 현
실적으로 직면하고도 '처음부터 다시 시작하기'에
열광하는 근대의 예술가와 작가 이름을 열거한다.
이들은 구식 시민계급에 단호히 작별을 고하고 '더
러워진 기저귀를 찬 채 소리만 질러대는, 마치 신생
아처럼 벌거벗은 이 시대의 동시대인들에게 집중'
한다. 이들은 투명성과 '비밀 없음'을, 즉 '아우라 없

음'을 신봉한다. 이들은 전승된 인본주의도 거부한다. 벤야민은 이들이 자녀들에게 항공사 이름을 딴 '페카Peka', '라부Labu', '아와이아힘Awiachim'같이 '인간성을 제거한' 이름을 기꺼이 붙여줄 수도 있을 거라고 지적한다. 소설가 파울 셰어바르트Paul Scheerbart가 말한 유리 건축물은 벤야민에게 미래 인간의 삶을 상징하는 것과도 같았다. "유리는 아무것도 고정할 수 없는 단단하고 매끄러운 재료다. 차갑고 무미건조한 재료이기도 하다. 따라서 유리로 된 사물에는 '아우라'가 없다. 유리는 명백히 비밀Geheimnis의 적이다."

벤야민은 미키마우스도 신 야만인에 포함한다. "피로 후에는 잠이 오고, 꿈이 그날의 슬픔과 실의를 보상해 주며 정작 깨어 있을 때는 힘이 없는 매우 단순하지만 매우 위대한 현존재를 그 안에서 실현시켜 주는 것은 드문 일이 아니다. 미키마우스의 현존재는 현대인의 그러한 꿈 중 하나다."[22] 벤야민은 미키마우스의 현존재das Dasein, 인간을 나타내는 존재론적 표현를 그려내는 그 가벼움에 경탄해 마지않았다. 그는 미키마우스를 구원의 인물로 격상시킨다. 미키마우스는 세계를 다시 신비화하기 때문이다. "(…) 일상의 끝없는 복잡함에 지친, 그래서 삶의 목적이 수단들의 무한한 원근법에서 가장 먼 곳의 소실점으로만 보일 뿐인 그러한 사람들의 눈앞에 현존재가 구원처럼 나타난다. (…) 그곳에서는 자동차가 밀짚모자보다 무겁게 재어지지 않고 나무의 열매가 열기구에 매달린 바구니처럼 빠르게 익어간다."[23]

벤야민의 에세이 「경험과 빈곤」은 양가성을 띤다. 에세이 말미에서 근대에 대한 지나치게 감성적인 변론은 다시 근대에 대한 벤야민의 뿌리 깊은 회의를 시사하는 각성으로 변한다. 제2차 세계대전이 일어날 조짐이 보이자 벤야민은 이렇게 썼다. "우리는 빈곤해졌다. 인류 유산의 일부를 우리는 하나씩 포기했다. 고작 '현재'의 값싼 동전을 꾸자고, 원래

가치의 백분의 일로 전당포에 맡겨야 한다. 경제 위기가 문 앞에 기다리고 있고, 바로 뒤에는 다가오는 전쟁의 그림자가 있다."[24]

　　근대는 항상 **비전**을 가지고 있었다. 파울 셰어바르트의 비전을 담은 글의 주인공인 유리는 미래의 매체로서 인간의 문화를 보다 높은 단계로 올리는 역할을 한다. 『유리 건축물Glasarchitektur』에서 셰어바르트는 세상이 온통 유리로 지어졌더라면 생겨났을 지구의 아름다움에 대해 묘사한다. 유리 구조물은 세상을 '마치 눈부신 장신구로 뒤덮은 것처럼' 변화시켰을 것이다. 그러면 우리는 지구에서 '천일야화의 정원보다 더 멋진 것을 누렸을 것'이다.[25] 밝고 다채롭고 아른거리는 유리 건축물로 이루어진 세상에서 사람들은 더 행복했을 것이라고 그는 말한다. 셰어바르트의 비전은 아름다움과 인간의 행복에 있다. 이 비전들은 미래를 매개하는 유리에 특별한 아우라를 부여한다. 진정한 미래 서사는 아우라를 뿜어낸다. 미래는 **먼 것의 발현**이기 때문이다.

근대는 진보에 대한 믿음, '처음부터 다시 시작하기'의 역설, 그리고 혁명의 정신으로부터 영감을 받는다. 물려받은 질서에서 강경히 등 돌린 **공산당선언**도 미래 서사를 말한다. 이 선언에서는 '지금까지의 모든 사회질서의 강제적 전복'을 주장한다. 그것은 도래할 사회에 대한 **대서사**다. 극작가 베르톨트 브레히트Bertolt Brecht의 말을 빌리자면, 근대에는 격앙된 '초심자의 기분'이 만연했다. 새 시작을 위한 초기화 이후 이들은 '거대한 빈 서판großen Tabula rasa' 위에서 '유희'한다.[26]

미래와 진보의 서사를 가지고 **다른 삶의 형식**을 향한 갈망을 품었던 근대와 달리, 후기 근대는 새로운 것 또는 '처음부터 다시 시작하기'에 해당하는 혁명적 파토스를 가지고 있지 않다. 따라서 후기 근대에는 출발 직전의 분위기가 없다. '**계속 그렇게 하기**'와 대

안 상실로 힘이 빠져 있다. **이야기할 용기, 세상을 바꾸는 서
사를 향한 용기**를 상실했다.

　스토리텔링은 일차적으로 상업과 소비를 뜻한
다. **스토리셀링**으로서의 스토리텔링은 사회를 변화시
킬 힘이 없다. 탈진한 후기 근대에는 '처음부터 다시
시작하기'가 강조된 '초심자의 기분'이 낯설다. 후기
근대인은 어떤 것도 '신봉'하지 않는다. 이들은 영원
히 **편히 쉴 곳**만 찾는다. 어떠한 서사도 필요로 하지
않는 **편리함** 또는 **좋아요**에 예속된다. 후기 근대에는
어떠한 갈망도, 비전도, **먼 것**도 빠져 있다. 따라서 후
기 근대는 **아우라가 없는 상태**, 즉 **미래가 없는 상태**다.

　오늘날의 정보 쓰나미는 우리를 최신성에 도취
된 상태로 추락시킴으로써 서사의 위기를 악화시킨
다. 정보는 시간을 잘게 토막 낸다. 시간은 **현재의 좁
은 궤도**로 단축된다. 여기에는 시간적 폭과 깊이가 없
다. '업데이트 강박'은 삶을 불안정하게 만든다. 과

거는 더 이상 현재에 유효하지 않고, 미래는 최신의 것을 지속적으로 업데이트하며 그 폭이 좁아진다. 그래서 우리는 **역사**가 없는 채로 존재하게 된다. 이야기가 **역사**이기 때문이다. **응축된 시간**인 경험뿐 아니라 **도래할 시간**인 미래 서사 모두 우리에게서 사라져 간다. 현시점에서 다음 현시점으로, 하나의 위기에서 다음 위기로, 하나의 문제에서 다음 문제로 아슬아슬하게 매달려 다니는 삶은 생존을 위해 마비된다. 문제 풀기에만 몰두하는 사람에게 미래는 없다. **서사**만이 비로소 우리로 하여금 **희망**하게 함으로써 미래를 열어준다.

설명되는 삶

벤야민은 『아케이드 프로젝트Das Passagen-Werk』에서 말한다. "행복은 우리와 함께 산 사람들 사이에서, 우리가 숨 쉰 그 공기 안에서만 상상할 수 있다. 달리 말하면 행복의 표상은 (…) 구원의 표상과 공명한다. (…) 우리의 삶은 역사적 시간 전체를 수축시킬 힘을 충분히 가지고 있는 근육과도 같다. 또 다른 말로 하자면, 역사적 시간에 대한 진정한 개념은 구원의 이미지에 온전히 그 뿌리를 두고 있다."²⁷ 행복은 **하나의 시점에 국한되는 사건이 아니다.** 행복은 과거까지 닿아 있는 **긴 꼬리**를 갖는다. 그것은 살면서 거쳐 온 모든 것을 먹고 자란다. 잠시 반짝거린 빛이 아닌 **후광**이 그것의 현상을 나타내는 형식이다. 우리는 **과거의 구제**를 수행해야 한다. 과거를 현재에 끌어내

어 엮고 현재 안으로 계속해서 작용하게 하는, 즉 **소
생**하게 만드는 **서사적 장력**이 필요하다. 그렇게 행복은
구원과 공명한다. 모든 것이 우리를 최신성의 광란
으로 몰아넣는 곳, 우연성의 폭풍우 한가운데에 서
있는 사람에게 행복은 있을 수 없다.

　　소설가 마르셀 프루스트Marcel Proust의 말처럼
'살아 있고, 멈추지 않고 성장하며, 때로는 교회 첨
탑보다도 높은 장대 다리'[28]를 지닌 인간이 과거에
걸터앉아 있는 시간의 존재로 표상될 경우, 삶을 근
육이라고 볼 때 그 삶에는 엄청난 힘이 필요할 것이
다. 프루스트의(시간) **탐색**의 끝은 결코 승리가 아니
었다. "이제 나는 내 발아래의 장대 높이가 이미 너
무 높아져 있는 걸 보고 불안해졌다, 아래로 너무 멀
어져 버린 과거를 오랫동안 붙들고 있을 힘을 더는
유지할 수 없을 것 같아서."[29] 프루스트는 **이야기하
는 사람의 과제**로 과거의 구제를 말한다. 책의 마지막
말은 다음과 같다. "어쨌든 나에게 작품을 완성해 낼

힘이 충분히 오랫동안 남아 있기만 하다면, 사람들을 그 기괴한 본질과 닮은 존재로 묘사하는 위험을 무릅쓰고서라도, 공간 안에 그들을 위해 마련된 매우 한정된 자리가 아니라 그 옆에 한없이 길게 늘어져 있는 아주 큰 자리, 즉 시간 속에서 자리를 차지하는 인물로 그들을 그려내겠다."[30]

이 **위축증**은 근대의 삶을 힘들게 한다. 근대의 삶은 시간의 붕괴에 위협받는다. 프루스트는 자신의 **탐구**를 통해 **시간적 위축증**, 즉 **근육 소실**과 다름없는 **시간 소실**과 맞서 싸우려는 시도를 한다. 『잃어버린 시간을 찾아서À la recherche du temps perdu』는 1927년에 출판되었다. 같은 해에 마르틴 하이데거Martin Heidegger의 『존재와 시간Sein und Zeit』도 출판되었다. 하이데거 역시 삶을 불안정하게 만들고 파편화하는 근대의 **시간적 위축증**에 단호히 반대하는 글을 쓴다. 근대의 삶의 파편화와 위축은 현존재가 자기의 실존 안으로 출생, 사망, 그리고 '그 사이의 모든 시간'을 운명으로 '포함'시키는 과정인 '전체 실존의 신장성'[31]으로 대응된다.[32] 인간은 한 순간에서 다음 순간으로 이동하며 살아가는 존재가 아니다. 즉 순간에 예속된 존재가 아니다. 인간의 실존은 출생과 사망 사이의 전체 시간에 걸쳐 있다. 외부지향성이 부족하고 존재에 서사적 닻을 내리지 못하므로, 모든 사건과 사태를 관통하고 감싸는 생동성 있는 단위로서 태어남과 죽음 사이의 시간적 폭을 **수축**시킬 수 있는 근력이 자기das Selbst로부터 나와야 한다. 존재의 지속성은 자기의 지속성에 의해 보장된다. 이 자기의 지속성은 시간의 파편화로부터 우리를 보호하는 중심 시간 축을 형성한다.

하이데거의 주장과 달리『존재와 시간』은 인간 실존에 대한 범시대적 분석이 아닌, 근대사회 시간의 위기를 반영한 '이미지'다.『존재와 시간』에서 중요한 역할을 하는 불안은 세계에서 멈춰 설 곳을 찾지 못하는 근대인의 병리에 속한다. 죽음조차도 더 이상 의미 있는 구원 서사에 포함되지 않는다. 그 죽음은 **나의** 죽음, 내가 홀로 감당해야 할 죽음이다. 나의 죽음이 자기를 단번에 끝장내 버리기 때문에 현존재는 죽음에 직면했을 때 **자기 자신으로 수축**한다. 그리고 죽음의 지속적 현재성으로부터 **자기의 역설**이 눈을 뜬다. 자기를 위해 결정한 현존재의 실존적 경직은 장력, 즉 위협적인 시간적 위축증으로부터 현존재를 보호하고 현존재에 시간적 지속성을 갖도록 도와주는 근력을 발달시킨다.

하이데거의 **자기 존재**Selbst-Sein는 서사적 삶의 맥락에 선행한다. 현존재는 맥락을 형성하는 **세계 내부적** 이야기를 하기 **전에** 먼저 자기 자신을 확인한다. 자기는 연결된 세계 내부적 사건을 통해서 구성되는 것이 아니다. 자기에 의해 관통당한 전前 서사적 '전체 실존의 신장성'만이 '**고유한 역사성**'을 형성한다. 시간의 위축증에 대항하여 **실존의 시간적 프레이밍**, 즉 '근원적이고 상실되지 않고 맥락이 필요하지 않은 전체 실존에 대한 신장성'이 추구되어야 한다.[33] 이는 **전 서사적 단위**로서의 현존재가 '순차적으로 왔다가 사라지는 경험의 일시적 실제'[34]로 분열되지 않게 한다. 또한 '편리, 가볍게 생각하기, 슬쩍 피하기'에 이어 가능한 한 끝없는 다양한 옵션으로부터 현존재를 끌어내어 '운명의 단순함'에 정박시킨다.[35] '운명 갖기 Schicksal-Haben'는 자기 자신을 그 자체로 받아들이는 것을 뜻한다. 스스로를 '순간적 실제'에 내맡기는 사람에겐 이러한 운명이 없고 '고유한 역사성'이 없다.

디지털화는 시간적 위축증을 악화시킨다. 실제성은 좁은 현실 폭을 가진 정보로 부서진다. 정보는 놀라움의 자극으로 생명을 유지한다. 정보는 시간을 파편화한다. 주의도 파편화한다. 정보는 **머무름**을 허용하지 않는다. 가속화된 정보 교류 속에서 정보는 또 다른 정보를 사냥한다. **스냅챗**은 디지털로 이루어지는 **찰나의 소통**을 몸소 보여준다. 이러한 메신저는 디지털의 시간성을 가장 순수한 형식으로 드러낸다. **오로지 순간만이 중요**하다. 스냅은 '순간적 현실'의 동의어나 마찬가지다. 그도 그럴 것이 스냅은 잠깐 지나면 사라진다. 현실이 스냅으로 쪼개진다. 이로 인해 우리는 안정적으로 시간적 정박을 이룬 곳에서 떨어져 나온다. 인스타그램이나 페이스북 같은 디지털 플랫폼의 '스토리'도 진정한 의미에서의 이야기가 아니다. 이들은 어떠한 **서사적 길이**도 보이지 않는다. 일련의 순간 포착일 뿐이며 아무것도 이야기하지 않는다. 사실상 이들은 빠르게 사라지는 **시각적 정보**에 불과하다. 아무것도 남지 않는다. 인스타그램의 광고 슬로건은 이렇다. "일상의 소중한 순간을 스토리로 올려보세요. 스토리는 보통 재미있고 가벼운 내용을 담고 있으며 24시간 동안만 지속됩니다." 시간제한은 특별한 심리적 효과를 일으킨다. 수시로 변하는 듯한 느낌을 들게 해 더 많은 소통을 향한 미묘한 강박을 만든다.

셀카도 **찰나의 사진**이다. 셀카는 오로지 순간만을 드러낸다. 기억 매체로서의 아날로그 사진과 달리 셀카는 일시적 시각 정보다. 아날로그 사진과 달리 셀카는 짧은 인식 후 영원히 사라진다. 이들은 기억을 위해서가 아닌, 소통을 위해 사용된다. 궁극적으로 운명과 역사가 담긴 인류의 종말을 예고한다.

포노 사피엔스는 '연속적으로 나타났다가 사라지는 일시적 실제의 경험'을 할 수 있는 순간에 예속된다. 포노 사피엔스에게는 태어남과 죽음 사이의 삶의 폭을 감싸고 자기의 역설로 그 폭을 채우는 '전체 존재의 신장성'이 낯설다. 포노 사피엔스는 이야기적으로는 존재하지 않는다. **장례식장에서의 셀카**는 죽음의 부재를 드러낸다. 관 옆에서 카메라를 향해 환하게 웃는다. 죽음마저도 '좋아요'를 유도하다. **포노 사피엔스는 구원을 필요로 하는 호모 사피엔스**를 뒤에 버려 둔 채 앞으로 나아간다.

트위터, 페이스북, 인스타그램, 틱톡, 스냅챗 같

은 디지털 플랫폼은 이야기의 영점零点에 위치해 있다. 이들은 이야기 매체가 아닌 정보 매체다. 서사적으로가 아닌 첨가적으로 작동한다. 여기서 파악되는 정보들은 하나의 이야기로 응축되지 않는다. "인생의 이벤트를 페이스북 프로필에 어떻게 만들거나 편집하나요?"라는 질문에 이렇게 답할 것이다. "**정보**를 클릭하고, 좌측의 **중요 이벤트**를 클릭하세요." 삶의 사건들은 단순한 정보로만 취급된다. 그것들로부터 어떠한 긴 이야기도 직조되지 않는다. 이들은 서사적 맥락 없이 그저 **접속사로 연결**된 채 나열된다. 사건의 **서사적 합**合이 일어나지 않는다. 디지털 플랫폼에서 '성찰적 서사'와 살아온 이야기의 응축은 전혀 가능하지 않으며 요구되지도 않는다. 디지털 플랫폼의 기술적 장치마저도 시간 집약적이고 서사적인 실천 Praxis은 허용하지 않는다.

인간의 기억은 선택적이다. 그게 바로 데이터 기록과의 차이다. 디지털 저장소가 첨가적이고 누적적으로 작동하는 반면, 인간의 기억은 서사적으로 작동한다. 이야기는 사건의 선택과 연결에 기반한다. 즉, 선택적으로 진행된다. 이 서사의 길은 좁다. 선택된 사건만이 이야기에 동원된다. 이야기된, 또는 기억된 삶은 필연적으로 그 사이사이에 **틈이 존재**한다. 반면 디지털 플랫폼은 **빈틈없는 삶의 기록화**에 관심이 있다. **덜 이야기될수록 더 많은 데이터와 정보가 생성**된다. 디지털 플랫폼에서는 데이터가 이야기보다 더 가치 있다. **서사적 성찰**은 요구되지 않는다. 만일 디지털 플랫폼이 이야기 포맷을 허용한다면, 가능한 한 많은 데이터를 생성할 수 있도록 이야기가 데이터베이스에 호환되는 설계를 할 것이다. 결과적으로 이야기 포맷도 강제로 첨가적 형식을 띠게 될 것이다. '스토리'는 정보 전달자로 구성된다. 이것은 이야기를 말 그대로 사라지게 만든다. 디지털 플랫폼의 기술적 장치는 **전체 삶의 기록화**에 쓰인다. 즉, 삶 자체를 모두 데이터 기록으로 전환하는 것이다. 어떤 사람에 대한 데이터가 많이 모일수록 그 사람에 대한 감시와 제어는 더 잘 이루어지고 경제적으로도 더 잘 착취된다. 자신이 그저 노는 중일 뿐이라고만 믿는 **포노 사피엔스**는 실제로는 완전히 착취당하고 제어당하고 있는 것이다. 놀이터로서의 스마트폰은 **디지털 파놉티콘**임이 드러났다.

자전적 이야기는 지난 경험에 대한 후속적 성찰, 즉 기억에 대한 의식적 작업을 전제한다. 그러나 데이터와 정보는 **의식을 거치지 않고** 생성된다. 이들은 우리의 활동을 성찰하고 해석하기도 전에 그리고 그러한 성찰로 필터링되기 전에 곧장 모사해 버린다. **데이터의 품질은 의식이 덜 포함될수록 좋다.** 이러한 데이터는 의식에서 벗어난 범위에 접근할 권한을 부여한다. 디지털 플랫폼으로 하여금 사람을 샅샅이 살피고 성찰적 층위로 가기 전의 행위를 제어하는 것을 허용한다.

발터 벤야민은 카메라가 고속촬영, 저속촬영, 클

로즈업 등과 같은 기술적 수단을 통해 마치 심리분석이 '충동적 무의식'을 추론하듯 우리의 움직임으로부터 '광학적 무의식'[36]을 추론하는 게 가능하다는 명제를 주장한다. 데이터마이닝을 필름 카메라에 비유한다면 의식이 포함된 것 뒤에 무의식이 엮인 공간, 우리가 **디지털 무의식**이라고 부를 수 있는 그러한 공간을 디지털 확대경으로 열어낼 것이다. 그럼으로써 인공지능은 우리가 인식하지도 못하는 소망과 선호에 접근할 수 있다. **데이터 기반 심리정치**는 그러한 방법을 통해 의식적vorbewusst 층위로 가기 전의 행위를 점령할 수 있다.[37]

일명 '셀프 트래킹Self-Tracking'을 할 때는 이야기하기의 자리를 계산이 완전히 대신한다. 여기서는 순수 데이터가 생성된다. **퀀티파이드 셀프**Quantified Self*의 모토는 '숫자를 통한 자기 이해'다. 이것의 신

---

* [옮긴이] 정량화된 자기 자신, 즉 각종 생활 패턴 데이터를 측정해 자기를 파악하는 것

봉자들은 이야기, 기억, 성찰이 아닌 계산과 숫자를 통해 자기 이해에 도달하려 한다. 그러기 위해 몸에 심박수, 혈압, 체온, 움직임, 수면 프로파일 데이터를 자동으로 생성하는 다양한 센서를 부착한다. 심적 상태와 기분은 주기적으로 기록된다. 전체적인 일상 활동에 관해서도 면밀히 기록된다. 첫 번째 흰머리를 발견한 날도 기록되어 있다. 전체 삶의 기록화에서 아무것도 탈락되어서는 안 된다. 이때는 **아무것도 이야기되지 않는다.** 모든 것이 그저 측정될 뿐이다. 센서와 앱은 언어적 표현과 서사적 성찰 없이 자동으로 데이터를 전송한다. 수집된 데이터는 그래픽과 다이어그램으로 보기 좋게 요약된다. 그러나 이들은 내가 누구인가에 대해 이야기할 수 없다. **자기는 양이 아닌 질**이기 때문이다. '숫자를 통한 자기 이해'는 신화 속 키마이라와 같다. 이야기만이 자기 인식에 도달할 수 있게 해준다. **나는 나 자신이 이야기해야 한다.** 그러나 숫자는 아무것도 이야기하지 못한다. '수치적 서사'라는 표현은 모순이다. 삶은 정량화가 가능한 사건들로는 이야기될 수 없다.

「당신의 모든 순간The Entire History of You」은 드라마 〈블랙 미러〉 시리즈의 첫 번째 시즌, 세 번째 에피소드의 제목이다. 여기 나오는 투명사회에서 모든 사람은 귀 뒤에 그 사람이 보고 체험한 모든 것을 그대로, 그리고 빠짐없이 저장하는 이식 장치를 장착하고 있다. 이렇게 경험한 모든 것과 인식한 모든 것이 눈과 외부 모니터로 빠짐없이 재생된다. 공항 보안 검색대에서는 특정 시간대에 일어난 사건을 재생해서 보여 달라고 요청하기도 한다. 더 이상 비밀은 없다. 범죄자들은 자신의 범죄 행위를 숨길 수 없다. 인간은 기록 안에 사로잡혀 있는 상태다. 경험한 모든 것을 빠짐없이 재생할 수 있다면 엄밀히 말해 더 이상 기억은 불가능하다.

기억은 체험한 것의 기계적 반복이 아닌, 언제나 새로 이야기되어야 하는 서사다. 기억에는 필연적으로 틈이 존재한다. 기억은 **가까운 것**과 **먼 것**을 전제한다. 경험한 모든 것이 **간격 없이 현재로 존재**한다면, 즉 **가용한** 상태라면 기억은 사라지는 것이다. 체험한 것의 빠짐없는 재현은 이야기가 아니라 **보고서나 프로토콜**에 불과하다. 이야기하거나 기억하려는 사람은 많은 것을 **잊어버리거나 생략**할 수 있어야 한다. 투명 사회는 이야기와 기억의 종말을 의미한다. 어떤 이야기도 투명하지 않다. **투명한 것은 정보와 데이터뿐**이다. 「당신의 모든 순간」은 주인공이 자신의 이식 장치를 면도칼로 도려내는 장면으로 끝이 난다.

벌거벗은 삶

장 폴 사르트르Jean Paul Sartre의 소설 『구토La Nausée』의 주인공 앙투안 로캉탱Antoine Roquentin은 어느 날 참을 수 없는 구토감에 사로잡힌다. "그때 갑자기 구토가 밀려왔고, 나는 벤치에 쓰러졌으며, 더이상 내가 어디에 있는지조차 알 수 없었다. 나는 천천히 내 주위에 존재하는 색깔들을 보았고 욕지기가났다. 그게 다다. 이후로도 구토는 나를 떠나지 않았고 나를 움켜쥐고 놓아주지 않았다."³⁸ 역겨움은 그에게 '사물의 성질'로 느껴졌다. 로캉탱은 조약돌 하나를 손에 쥐고는 '손안에서 느껴지는 일종의 구토'를 느낀다. 세계가 그에게 **곧** 역겨움인 것이다. "이구토는 내 안에 있는 게 아니다. 나는 이것을 저 뒤의 벽에서, 바지 멜빵에서, 나를 둘러싼 내 주변 전부에서 느낀다. 또한 이것은 카페와 한 몸이고 나는 그 안에 있다."[39]

　　로캉탱은 구토감을 유발하는 것이 사물의 적나라한 '존재' 그 자체, 순수한 사실성, 세계의 우연성임을 깨닫는다. 그의 시선에서, 사물들로부터 무작위성과 무의미성을 취하는 모든 의미관계는 붕괴된다. 세계는 그의 눈에 벌거벗은 것처럼 보였다. 세계의 모든 의미가 벗겨졌다. 로캉탱은 자기 자신의 존재마저 의미가 제거된 상태로 보았다. "나는 우연히 나타나 돌, 식물, 미생물과 같이 존재했다. 나의 삶은 되는 대로 살아졌고 모든 방향으로 자라났다. 종종 알 수 없는 신호들은 있었다. 그러고는 다시 무의미하게 웅웅대는 소리 외에는 아무것도 느끼지 못했다."[40] 참을 수 없는 것은 이 무의미한 읊조림이다. **음악**도, **소리**도 없다. 도처가 참을 수 없는 공허, 로캉탱이 목 졸려 질식할 위험을 느낀 공허다. 세계는 그에게 아무런 **의미**가 없다. 그 또한 세계를 **이해**하

지 못한다. 그가 사물에 할당할 수 있는 어떠한 목적
도, '무엇을 위해서Um-zu'도 없다. 목적, 소용, **용도성**
Dienlichkeit은 사물로부터 간격을 유지하게 한다. 그
러나 이제는 그것들이 로캉탱에게 벌거벗은 눈앞의
존재를 강요한다. 사물들은 스스로를 독립화한다.
"그 대상들, 그것들은 **접촉**해서는 안 된다. 살아 있지
않기 때문이다. 인간은 그것들을 사용하고, 다시 원
래의 자리에 두며, 그것들 사이에서 산다. 사물들은
유용할 뿐 그 이상의 의미는 없다. 그러나 나를, 나
를 그들은 만진다. 그것이 참을 수 없다. 나는 마치
살아 있는 동물이기라도 한 것처럼 그것들과 접촉하
는 것이 두렵다."[41]

　　어느 날 로캉탱은 이야기에 세상을 유의미하게
보는 힘이 있다고 생각한다. "나는 이렇게 생각했다.
가장 평범한 사건이 탐험으로 변하면 **이야기**하려고
들 할 것이며, 또 그러는 것이 필요해진다. 사람들이
잘 모르는 것은 이것이다. 인간은 항상 이야기하는

사람이며 자신과 타인의 이야기에 둘러싸인 채 살아가고, 자신에게 일어나는 모든 것을 목도하고, 또 그것을 통해서도 보고, 삶을 자신이 이야기한 대로 살고자 노력하는 존재이나, 그러나 선택해야 한다는 것이다. 사느냐, 이야기하느냐를 말이다."[42] 이야기한다면 삶을 순전한 현사실성 위로, 즉 적나라한 상태 너머로 고양시킬 수 있다. 이야기는 시간에 유의미한 과정, 즉 **시작**과 **끝**을 부여함으로써 형성된다.

서사 없는 삶은 그저 **첨가적**인 것에 지나지 않는다. 그런 삶은 "살아갈 때 아무런 일이 일어나지 않는다. 장면은 바뀌고 사람들은 오고 가고 그게 다다. 시작 지점은 없다. 오늘은 어제에 이어지는 날이며 의미도, 지성도 없고 멈춤 없는 단조로운 연속적 나열에 불과하다. 이따금 분류를 하기도 한다. 그러면 이렇게 말할 것이다. 3년 전부터 여행을 하고 있다. 3년 전부터 부비유*에 살고 있다. 끝 지점도 없다.

* [옮긴이] 프랑스 항구 도시로 작중 로캉탱이 살던 곳

(…) 그저 시간과 날을 나열한다. 월요일, 화요일, 수요일. 4월, 5월 6월. 1924년, 1925년, 1926년."[43]

서사의 위기인 근대의 실존적 위기는 **삶과 이야기가 산산이 와해**된다는 데서 발발한다. 이 위기의 문제는 '사느냐, 아니면 이야기하느냐'를 선택해야 한다는 점이다. 삶이 더 이상 동시에 이야기될 수는 없어 보인다. 전근대에는 삶이 이야기 속에 닻을 내리고 있었다. 이 이야기의 시대에는 월요일, 화요일, 수요일 식으로 나열되는 게 아니라 부활절, 오순절, 크리스마스 식으로 그 단위가 구성되었다. 요일마저도 서사적 의미를 띠었다. 가령 수요일은 오딘*의 날, 목요일은 토르의 날인 식이다.

로캉탱은 존재의 참을 수 없는 현사실성, 즉 벌거벗은 삶을 이야기를 통해 극복해 보고자 했다. 책 뒷부분에서 그는 역사가로서의 업을 포기하고 작가

* [옮긴이] 게르만 신화의 신으로 'Wednesday'의 어원이다.

가 되겠다고 결심한다. 그는 소설 쓰기를 통해 적어도 **과거로부터의 구출**을 기대한다. "책. 물론 처음에는 지루하고 버거운 작업일 수 있으나 내가 존재하고, 또 존재한다고 느끼는 것을 적어도 막지는 않을 것이다. 그러다 언젠가 책이 완성되어 마무리하는 순간이 올 것이다. 그러면 책의 명료한 어떠한 부분이 나의 과거를 밝혀줄 수도 있을 거라고 생각한다. 그렇게 되면 나는 그 책을 통해 비로소 나의 삶을 혐오 없이 떠올릴 수 있을지 모른다."[44]

　　이야기 형식으로 지각하는 것은 즐거울 수 있다. 모든 것이 잘 구성된 질서에 짜 맞춰져 있기 때문이다. 상상을 기반으로 하는 서사적인 '**그리고**'는 원래는 서로 아무 상관이 없는 사물과 사건, 사소하거나 무의미하거나 부차적인 것을 **날것의 현사실성**이 극복된 듯한 이야기 속으로 연결 짓는다. 그러면 세계가 **리드미컬하게 정렬**된 모습으로 보인다. 그 안에서 사물과 사건은 고립되어 있지 않다. 오히려 그들은 이야기를 엮는 관절로 작용한다.

『주크박스에 대한 시론Versuch ueber die Jukebox』에서 작가 페터 한트케Peter Handke는 이렇게 썼다. "목적 없이 사바나를 걷고 있는데 그의 안에서 갑자기 완전히 다른 리듬이 시작되었다. 그것은 변화구도, 급격한 전환도 아니고 단 하나의, 단일한, 그리고 심지어는 반복이나 변주조차 없이 직선적이고도 강렬하게 **본론부터 들어가는** 방식으로 진지하게 진행되는 리듬, 즉 이야기의 리듬이었다. 처음에 그는 길을 가는 동안 자신에게 순차적으로 일어난 모든 일을 이야기의 각 일부로만 체험했다. (…) '철조망으로 엉겅퀴가 날아 들어갔다. 봉지를 든 한 노인이 버섯 쪽으로 몸을 구부렸다. 개 한 마리가 다리 세 개로 뛰어 지나가며 노루를 연상케 했다. (…) 사라고사Zaragoza발 기차에는 불이 켜져 있었고 사람들은 거의 타지 않았다.'"[45]

그러나 이야기 형식 안에서 날것의 현사실성을 모르는 체하는 이러한 지각은 한트케가 보기에 불안한 '세계 내 존재In-der-Welt-Sein'를 익숙한 '집 안의 존재Zu-Hause-Sein'로 변화시키거나, 고립된 것과 비맥락적인 것을 맥락적인 것으로 강제하는 실존적 전략으로 보인다. 완벽하다고 느껴지는 이야기는 실존적 강박으로 드러난다. "이젠 그를 따뜻하게 이끌던, 그러나 강박적이던 이미지의 힘은 더 이상 없고 심장에서 머리로 올라가는 차가운 강박, 오래전부터 닫혀 있는데도 계속해서 돌진하는 무의미한 문만이 있으며, 그는 처음에는 자신에게 아름답게 나타난 이야기가 가짜는 아니었는지 궁금해했다. 그러나 이는 곧 모든 고립된 것과 비맥락적인 것에 대한 그의 불안의 표현은 아니었던가?"[46]

후기 근대의 삶은 특히 적나라하다. 이 삶에는 **이야기 환상**이 빠져 있다. 정보는 이야기로 연결될 수 없다. 따라서 사물은 서로 분해된다. 의미를 형성하는 맥락은 의미가 텅 빈, 사건의 병렬적·순차적 나열로 대체된다. 서사의 경계는 우리의 **실제 삶**을 초월하지는 않는다. 무조건 '건강한 상태'를 유지하거나 또는 무조건 '최적화'되는 데 초점이 맞춰져 있는 삶은 생존, 즉 살아남기의 삶이다. 건강과 최적화를 향한 히스테리는 벌거벗고 의미가 제거된 세계에서만 가능하다. 최적화는 기능 아니면 효율에만 해당하는 프로세스다. 이야기는 내재적 가치를 지녔으므로 최적화가 불가능하다.

디지털화된 후기 근대에 우리는 끊임없이 게시하고 '좋아요'를 누르고 공유하면서 벌거벗은, 공허해진 삶의 의미를 모르는 척한다. 소통 소음과 정보 소음은 삶이 불안한 공허를 드러내지 못하게 만든다. 오늘날의 위기는 '사느냐, 이야기하느냐'가 아닌 '사느냐, 게시하느냐'가 된 데 있다. 셀카 중독마저도 나르시시즘 때문이 아니다. **내면의 공허**가 셀카 중독으로 이어진 것이다. '나'에게는 안정적 정체성을 부여하는 의미 제공이 결여되어 있다. 내면의 공허에 직면한 '나'는 스스로를 영구히 생산해 낸다. 셀카는 텅 빈 자기의 복제다.

정보사회와 투명사회에서 벌거벗음은 외설로 확대된다. 그러나 우리는 억압된 것, 금지된 것 또는 은폐된 것의 뜨거운 외설이 아닌 투명성, 정보, 소통의 차가운 외설을 논해야 한다. "더 이상 비밀이 아닌 것, 완전히 정보와 소통으로 해결될 수 있는 것의 외설을 말하는 것이다."[47] 정보는 그것을 감싸는 껍질이 없기 때문에 포르노적이다. 사물을 감싸는 껍질, 베일만이 설득적이고 서사적이다. 껍질 벗기기나 베일로 감싸기는 본질적으로 이야기에 필수적이다. 포르노는 아무것도 이야기하지 않는다. 에로티시즘이 사소한 것에 집중하는 동안 포르노는 바로 본론으로 들어간다.

세계의 탈신비화

아동문학 작가 폴 마르Paul Maar는 이야기하지 못하는 한 소년에 대해 말한다.[48] 침대에 누운 채 이리저리 뒤척이는 소년 콘라드에게 여동생 수잔네가 이야기를 해달라고 부탁하는데 콘라드는 무뚝뚝하게 거절한다. 그러나 부모님은 사랑을 담아 수잔네에게 이야기를 해준다. 부모님은 점점 이야기하는 것에 중독되어 간다. 누가 먼저 이야기할지 쉬이 합의할 수 없을 정도다. 결국 이야기할 차례를 기록하는 목록까지 만든다 아버지인 롤라드가 이야기하고 나면 어머니가 연필로 종이에 'R'이라고 쓴다. 어머니의 이야기가 끝나면 아버지는 어머니 이름 올리비아의 첫 글자 'O'를 적는다. R과 O 사이에 종종 작게 'S'도 적히는데, 수잔네도 이야기하기를 점점 좋아하기 시작해서 생긴 글자다. 이 가족은 작은 이야기 공동체를 이룬다. 이야기하는 일은 이들을 하나로 묶어준다. 콘라드만 거기서 빠져 있다.

이 가족은 특히 토요일과 일요일 아침 식사 시간에 많은 이야기를 한다. 이야기에는 여유가 필요하다. 가속화된 소통 속에서는 이야기할 시간, 즉 참을성이 없다. 정보만 교환될 뿐이다. 그러나 여유가 있는 곳에서는 모든 것이 이야기의 동기가 된다. 아버지는 가령 어머니에게 이렇게 말한다. "올리비아, 딸기잼 좀 건네줄래요?" 딸기잼 병을 건네받자 아버지는 마치 공상에 잠긴 듯 병을 바라보며 이야기를 시작한다. "너희 할아버지가 생각나는구나. 내가 여덟 살인가 아홉 살 때였는데 말이야. 할아버지가 점심시간에 딸기잼을 달라고 하셨지. 그래, 점심시간이었다고. 우리는 처음엔 잘못 들은 줄만 알았어. 왜냐하면 거기엔 9월 2일이면 늘 있던, 넓은 면을 곁들인 사우어브라튼*밖에 없었으니까." 이런 식으로 아버지는 "기억나는군(…)."이라든가 "한번은(…)" 등의 말들로 이야기를 시작한다. 이야기와 기억은 상호 의존적이다. 분절된 현재에만 몰두하는 사람은 이야기를 할 수 없다.

딸기잼과 사우어브라튼 사이의 모순성은 서사적 활시위를 팽팽하게 당긴다. 이 모순성은 한 사람의 전기傳記나 이력의 감흥 또는 비극을 드러낸다. 생각에 잠긴 듯한 아버지의 시선이 나타내는 깊은 내면성은 이야기로서의 기억을 유지시킨다. 반면 정보는 모든 것을 외부로 선회시킨다. 우리는 이야기하는 사람의 내면성 대신 **정보 사냥꾼의 경계심**을 가지고 사는 셈이다.

딸기잼을 보고 할아버지를 떠올린 아버지의 기억은 프루스트의 『무지의 기억mémoire involontaire』

* [옮긴이] 독일의 식초에 절인 고기 요리

을 닮아 있다. 프루스트가 제바드 발벡의 호텔 방에서 구두끈을 묶으려고 몸을 굽혔을 때, 갑자기 돌아가신 할머니가 눈앞에 생생하게 떠오른다. 사랑하는 할머니를 그리워하며 프루스트의 눈에 눈물이 차오르게 한 고통스러운 회상은 그에게 행복의 순간도 함께 선사한다. 『무지의 기억』에서는 두 개의 서로 다른 '시간적 순간'이 향기로운 '시간 결정結晶'으로 연결되고 응축된다. 그럼으로써 시간의 고통스러운 우연성은 극복되고 희망이 생긴다. 사건들 사이에 강한 관계를 형성하는 이야기는 텅 빈 채 흘러가는 시간을 극복하게 한다. **이야기하는 시간은 사라지지 않기** 때문이다. 따라서 이야기할 능력의 상실은 '우연성'을 더 많이 경험하게 한다. 그러면 허무와 우연성이 강해진다. 기억 속 할머니의 얼굴은 할머니의 실제 상像보다 더 멀리서 경험된다. 그 진리를 우리는 시간이 지난 뒤에야 비로소 인식하는 것이다. 이 진리는 이야기로서의 기억 안에 자리를 잡는다.

시간은 갈수록 원자화된다. 반대로 이야기는 연결을 의미한다. 프루스트에 따르면, 이야기하는 사람은 삶에 몰입하고 자신의 내면에서 사건들을 잇는 새로운 실을 뽑아낸다. 그럼으로써 고립되지 않은 관계들로 이루어진 조밀한 망을 형성한다. 그러면 모든 것이 유의미해 보인다. 이 서사 덕분에 우리는 삶의 우연성에서 벗어날 수 있는 것이다.

콘라드는 그의 세계가 사실들로 이루어져 있기 때문에 이야기할 수 없다. 그는 이야기하는 대신 사실들을 열거할 뿐이다. 어머니가 콘라드에게 어제 어땠는지 이야기해 달라고 하자 콘라드는 이렇게 대답한다. "어제는 학교에 있었어요. 첫 시간엔 수학을 배웠고, 그다음 시간엔 독일어와 생물, 그다음엔 체육이 두 시간 있었어요. 끝나고 집에 왔고 숙제를 했어요. 그리고 잠시 컴퓨터를 하다가 자러 갔지요." 그의 삶은 외부의 사건들로 정해진다. 그에게는 사건들을 내면화하고 이야기로 엮어내고 응축시키는 능력을 부여하는 내면성이 없다.

여동생이 도움을 주고자 콘라드에게 다가와 제
안한다. "나는 늘 이렇게 이야기를 시작하곤 해. 어
느 날 쥐 한 마리가 있었어." 그러자 콘라드가 말을
잘랐다. "땃쥐, 생쥐, 들쥐?" 그러고는 말을 이었다.
"쥐는 설치류에 속하지. 그 밑으론 둘로 나눌 수 있
어. 일반 쥐와 들쥐로 말이지." 콘라드의 세계는 완
전히 탈신비화되어 있다. 그의 세계는 사실들로 쪼
개져 있고 서사적 긴장을 전부 잃었다. 설명 가능한
세계는 이야기가 불가능하다.

아버지와 어머니는 결국 콘라드에게 이야기할
능력이 없다고 판단한다. 그래서 본인들에게 이야기
하는 법을 알려준 무제 씨에게 콘라드를 보내기로
결정한다. 비 오는 어느 날, 콘라드는 무제 씨네 집
에 간다. 문 앞에서 백발에, 그러나 눈썹만큼은 짙고
빽빽한 한 나이 많은 할머니가 콘라드를 반가이 맞

아준다. "아하, 네가 이야기하는 걸 배우라고 너희 부모님이 보낸 아이구나." 분명 밖에서 볼 때 집이 아주 작았는데 안에 들어가 보니 끝이 보이지 않는 긴 복도가 있었다. 무제 씨는 콘라드의 손에 작은 꾸러미 하나를 쥐여주더니 그걸 위층에 있는 자기 여동생에게 갖다주라고 부탁한다. 그러고는 좁은 계단을 가리킨다. 콘라드는 그 계단을 오른다. 하지만 계단이 끝없이 이어지는 것처럼 보인다. 콘라드는 의아해하며 말한다. "이거 괜찮은 거 맞아요? 밖에서 집을 보고 들어왔는데 그땐 한 층밖에 없었어요. 그런데 지금 적어도 7층 정도는 온 것 같은데요." 하지만 콘라드는 혼자였다.

갑자기 그의 옆에 있던 벽에서 낫은 문이 열린다. 그러더니 누군가 쉰 목소리로 말한다. "드디어 왔구나.* 이리 어서 틀어 오렴!" 콘라드에게는 모든

* [옮긴이] 이 '쉰 목소리'가 하는 말은 원서와 동일하게 일부러 오자를 섞어서 번역해 '낯설고 종잡을 수 없는 언어'임을 표현했다.

게 마법에 걸린 것 같아 보인다. 언어도 낯설고 종잡을 수 없다. 마치 마술이나 속임수에 걸린 언어 같다. 콘라드는 문에 고개를 쭉 빼 넣는다. 어둠 속에서 콘라드는 올빼미 형상을 한 무언가를 인지한다. 깜짝 놀란 콘라드가 물었다. "누, 누구세요?" "그만 궁금해하거라. 날 형원히 기대리게 할 셈이냐?" 올빼미 형상이 나무란다. 콘라드는 몸을 굽혀 문 안에 발을 내딛는다. "곧 아래로 떨어질 거다! 찰가라!" 목소리가 낄낄거린다. 콘라드는 어두운 방에 바닥이 없다는 걸 깨닫는다. 그는 어떤 관 속으로 떨어져 들어가더니 엄청난 속도로 아래로 미끄러진다. 관 속에서 벽을 붙잡아 보려 했지만 소용없다. 마치 거대한 동물이 배 속으로 그를 삼킨 것 같다.

콘라드는 무제 씨의 발치에 떨어진다. "내가 준 꾸러미는 어디 있는 거냐?" 할머니가 언짢은 듯 말한다. "오다가 잃어버린 것 같아요." 콘라드가 대답한다. 무제 씨는 검은 원피스의 주머니에 손을 넣더니 다시 한번 꾸러미를 꺼낸다. 콘라드는 아까 줬던 꾸러미와 똑같은 거라고 확신한다. "여기." 무제 씨가 툴툴대며 말한다. "아래로 내려가 이걸 내 남동생에게 주거라." 콘라드가 묻는다. "지하로 가라는 말씀이세요?" "무슨!" 무제 씨가 말한다. "1층에 있을 거다. 우리는 지금 7층에 있잖아, 너도 알다시피! 이제 가!" 콘라드는 조심스럽게 좁은 계단을 다시 내려간다.

계단은 다시 아까처럼 끝도 없이 늘어져 있는 것처럼 보인다. 100개쯤 내려갔을까, 콘라드는 다시 어두운 복도에 다다른다. "저기요?" 콘라드가 조심스럽게 외친다. 대답이 없다. 콘라드는 다시 말한다. "저기요, 아저씨! 제 말 들리세요?" 그러자 그의 옆에서 문 하나가 열린다. 그리고 누군가 쉭쉭 갈라지는 목소리로 말한다. "네 말 잘 들려. 규머거리가 아니란 말이다! 허서 들어 오렴!" 어두운 방 안에는 비버 같은 모습의 누군가가 담배를 피우고 앉아 있다. 그 형상이 묻는다. "뭘 기대리고 있어? 커서 들어와!" 콘라드는 머뭇거리며 들어간다. 그러자 또다시 어두운 관 속으로 떨어진다.

다시 무제 할머니의 발치에 떨어진다. 무제 할머니는 얇은 시가를 길게 빨아들이더니 말한다. "내가 보기에 넌 이번에도 꾸러미를 전달하지 못한 것 같구나." "맞아요." 콘라드가 용감하게 말한다. "전 꾸러미나 전달하려고 여기 온 게 아닙니다. 이야기하는 법을 배우려고 왔다고요." "꾸러미 하나도 계단 위로 전달하지 못하는 놈한테 내가 무슨 이야기하는 법을 가르친단 말이냐! 썩 집으로 돌아가거라. 넌 배우려면 멀었다." 무제 할머니가 단호하게 말한다. 할머니는 콘라드의 옆에 있던 문을 열어준다. "조삼해서 잘 가거라." 할머니는 콘라드를 아래로 밀어버린다.

콘라드는 다시 끝없는 통로를 굽이굽이 돌아 아

래로 떨어진다. 하지만 이번에는 무제 할머니가 아닌 부모님 집 앞이다. 부모님과 여동생은 아침 식사 중이다. 콘라드는 방 안으로 뛰어 들어가 흥분한 듯 말한다. "나 할 얘기가 있어요. 내가 뭘 겪었는지 다들 상상도 못 할 거야." 이제 콘라드의 세계는 더 이상 설명 가능하지 않다. 그의 세계는 이제 객관적인 사실들이 아닌, 설명할 수 없는 사건들, 그래서 이야기가 필요한 사건들로 구성되어 있다. 그의 서사적 전환은 그를 작은 이야기 공동체의 일원으로 만든다. 아버지와 어머니는 만족한 듯 서로를 바라본다. "자, 그럼!" 어머니가 종이에 크게 콘라드의 'K'를 적는다.

폴 마르의 이야기는 미묘한 사회 비판 같다. 이 이야기는 우리가 그동안 이야기하는 법을 잊었다고 고발하는 것처럼 보인다. 이야기하는 능력의 상실은 세계의 탈신비화에 책임이 있다. 탈신비화란 다음 문장으로 정리된다. "사물은 **존재**하나 **침묵**한다."

즉 사물들에게서 신비로움이 사라진 것이다. 단순히 '눈앞의 존재'를 이루는 날것의 현사실성은 이야기를 불가능하게 한다. 현사실성과 서사성은 상호 배타적이다.

세계가 탈신비화되면 모든 세계관계가 인과성으로 축소된다. 그러나 인과성은 여러 관계성 형식 중 하나에 불과하다. 모든 것을 인과성으로 설명하는 전체화는 '세계 빈곤'과 경험 빈곤을 초래한다. 사물이 인과관계를 벗어나 서로 관계를 맺고 비밀을 교환하는 세계는 신비롭다. 그러나 인과성은 기계적이고 피상적이다. 신비롭거나 시적인 세계관계는 인간과 사물이 깊은 공감으로 연결된 관계다.『자이스의 제자들Die Lehrlinge zu Sais』에서 시인이자 철학자인 노발리스Novalis는 이렇게 썼다. "내가 바위에게 말을 걸면 그 순간 그 바위는 고유한 '그대Du'가 되지 않겠는가? 내가 흐르는 강의 물결을 숙연히 바라보며 그 물결 속에서 아무 생각을 하지 않는다면 나는 그

강이 된 것 아니겠는가? (…) 누군가 돌과 천체를 이미 이해했는지, 나는 알 수 없다. 그러나 분명 그는 숭고한 존재였을 것이다."[49]

발터 벤야민에게 어린이는 신비로운 세계의 마지막 시민이다. 어린이에게는 단지 **눈앞에 존재**하기만 하는 것은 없다. 모든 것이 **의미심장**하고 매우 **의미 있다. 마법적인 친밀성**이 이들을 세계와 연결해 준다. 어린이는 놀이하듯 자신을 사물로 변신시켜 사물과 긴밀한 관계를 맺는다. "커튼 뒤에 서 있는 어린아이는 스스로가 바람에 나부끼는 흰 존재, 유령이 된다. 식탁 아래 쪼그려 앉은 어린아이에게 네 개의 식탁 다리가 사원 기둥이 되면서 스스로 나무의 신으로 변한다. 그리고 문 뒤에서는 스스로가 문이 되어, 무거운 가면을 쓴 마법사처럼 아무것도 모르고 들어오는 사람들에게 마법을 건다. (…) 집은 가면을 위한 무기고가 된다. 그러나 1년에 한 번은 비밀스러운 장소, 가면의 뚫린 눈과 입에 선물이 놓인다. 신비로운 경험은 과학으로 변모해 어린아이는 엔지니어가 된 듯 부모님 집의 오랜 신비로움을 풀어내며 부활절 달걀을 찾는다."⁵⁰ 오늘날 이 어린아이들은 디지털 존재로 세속화되었다. 세계의 마법 같은 경험은 그 힘을 잃어간다. 어린이들은 이제 **디지털 부활절 달걀**인 정보를 사냥한다.

세계의 탈신비화는 탈아우라화로 나타난다. 아우라는 세계를 순수 현사실성 위로 끌어 올리는 광채, 사물을 감싸는 은밀한 베일이다. 아우라는 서사적 핵심을 지니고 있다. 벤야민은 아우라를 지니고 있지 않은 사진과 달리 『무지의 기억』의 서사적 '기억 이미지'는 아우라를 가지고 있다고 말한다. "무지의 기억으로부터 나오는 이미지의 특징이 아우라를 가진다고 볼 때 사진은 '아우라의 쇠락' 현상에 결정적인 역할을 하고 있는 것이다."⁵¹

사진은 기억 이미지와 달리 서사적 내면성이 없

다. 사진은 주어진 것을 내면화하지 않은 채로 모사한다. 사진은 의도하는 바가 없다. 반면에 서사로서의 기억은 단순한 시공간적인 연속체가 아니다. 오히려 서사적 선택에 기반한다. 사진과 달리 기억은 자의적이고 불완전하게 선택된다. 또한 기억은 시간적 간격을 늘리거나 줄인다. 수년 또는 수십 년을 건너뛰기도 한다.[52] 서사성은 연대기적 현사실성과는 반대된다.

마르셀 프루스트에게서 영감을 얻은[53] 벤야민은 사물은 자신에게 머무른 시선을 그 안에 간직하고 있다고 가정한다. 그럼으로써 사물은 시선을 가진 상태가 된다. 시선은 사물을 빛으로 감싸는 아우라를 가진 베일을 직조해 낸다. 아우라는 곧 '바라보는 대상에서 생겨난 시선의 거리'다.[54] 친밀하게 바라보면 사물들은 그 시선에 응답한다. "관찰된 존재 또는 관찰하고 있다고 생각하는 존재는 시선을 열어낸다. 현상의 아우라를 경험한다는 것은 곧 시선을 열어낼 능력을 현상에 부여한다는 것이다. 무지의 기억으로부터의 발견이 이러한 과정에 해당한다."[55] 사물은 시선이 사라져 갈 때 신비로움과 아우라를 잃는다. 그러면 그것들은 우리를 바라보지도 않고 말 걸지도 않는다. 그것들은 더 이상 **그대**가 아니며 그저 침묵하는 **그것**에 불과하다. 그렇게 세계와의 **시선의 교환**은 더 이상 일어나지 않는다.

　『무지의 기억』속 유동체에 잠긴 사물들은 그 안에서 보이는 것과 느껴지는 것이 서사적으로 응축되는 향기로운 그릇이 된다. 이름은 아우라를 갖고, 그 이름이 기억 공간으로 확장되면서 이야기가 가능해진다. "예전에 어떤 책에서 읽은 적 있는 이름에는 그 음절 사이사이에 거친 돌풍과 반짝이는 햇빛이 담겨 있다."[56] 이와 관련해 벤야민은 작가 카를 크라우스Karl Kraus의 말을 인용한다. "단어를 더 가까이에서 들여다볼수록 더 멀리서 돌아볼 수 있다."[57]

오늘날 우리는 세계를 정보의 관점에서 먼저 인식한다. 정보에는 먼 거리도, 폭도 없다. 정보는 거친 돌풍도 눈부시게 반짝이는 햇빛도 담지 못한다. 정보에는 아우라적 공간이 없다. 그렇게 정보는 세계를 탈아우라화하고 탈신비화한다. 그러한 순간에 언어는 정보로 수축하면서 아우라를 완전히 상실한다. 정보는 언어의 극명한 수축 단계를 나타낸다.

기억은 사건을 항상 새로이 연결하고 관계망을 만들어내는 서사적 실천이다. 정보의 쓰나미는 서사적 내면성을 파괴한다. 탈서사화된 기억은 '고물상', 즉 '온갖 종류의 완전히 무질서한, 보존 상태가 좋지 않은 그림들과 오래되어 낡아빠진 상징들이 빼곡히 들어차 있는 창고'와도 같다.[58] 이 고물상 안에 있는 사물들은 무질서하고 혼란스러운 더미를 만든다. **이 더미는 서사의 반대 형상이다.** 사건들은 특정한 방식으로 **쌓아올려질** 때 비로소 하나의 **이야기**로 응축된다. 데이터 더미 또는 정보 더미에는 이러한 이야기가 빠져 있다. '서사적'이 아니라 '누적적'이 되는 것이다.

이야기는 시작과 끝이 있다는 점에서 정보와 반대된다. 이야기는 완결성이 특징이다. 즉 **종결형식**이다. "둘은 (…) 근본적인 차이가 있다. **이야기**는 결말, 완결, 결론을 지향하고 정보는 본질적으로 항상 부분적이고, 불완전하고, 파편적이라는 점이다."[59] 한계가 없는 세계에는 신비로움도, 마법도 없다. 한계, 과정, 역치가 신비로움을 펼쳐낸다. 이에 대해 수전 손택Susan Sontag은 이렇게 썼다. "완결성, 통일성, 맥락이 있는 곳에는 반드시 한계가 있다. 모든 것은 우리가 이러한 한계 안에서 나아가는 여정과 관련 있다. 이야기의 끝이란, 그 이야기가 변화하고 잠정적인 관점들이 하나로 모이는 마법적인 지점, 즉 독자가 처음에는 이질적으로 보이던 사물이 종국에 서로 어떻게 연결되는지를 이해하게 되는 고정점이라고도 할 수 있다."[60]

이야기는 빛과 그림자, 가시적인 것과 비가시적인 것, 가까운 것과 먼 것의 유희다. **투명성**은 모든 이야기에 근거하는 이러한 변증법적 긴장을 없애버린다. 세계의 디지털적 탈신비화는 기존 막스 베버Max Weber가 과학을 통한 이성화로 일으킨 과학적 탈신비화를 훨씬 넘어선다. **지금의 탈신비화는 세계의 정보화로 인한 것**이다. **투명성이 오늘날의 탈신비화를 일으키는 새로운 공식**이다. 투명성은 세계를 데이터와 정보로 해체함으로써 탈신비화한다.

작가 폴 비릴리오Paul Virilio는 한 인터뷰에서 매우 작은 카메라의 발명을 다룬 공상과학 단편을 언급한다. 그에 따르면 이 카메라는 너무 작고 가벼운 나머지 눈송이로도 운반할 수 있다. 이 카메라를 인공 눈에 대량으로 섞어 비행기에서 아래로 뿌린다. 사람들은 눈이 온다고만 생각한다. 하지만 실제로는 세계가 카메라로 뒤덮이는 것이다. 그렇게 세계는 완전히 투명해진다. 아무것도 숨길 수 없다. 더 이상

사각지대도 없다. 모든 것이 전부 가시적으로 변한
다면 우리는 무엇을 꿈꿀 수 있겠느냐는 질문에, 비
릴리오는 이렇게 답한다. "눈이 멀기를 꿈꾸지 않을
까요."[61] **투명한 이야기**는 없다. 모든 이야기는 비밀과
신비로움을 전제한다. 꿈에서나 바랄 수 있는 눈멂
만이 우리를 투명성의 지옥에서 구원해 줄 것이며,
다시 이야기할 수 있게 해줄 것이다.

    철학자 게르솜 숄렘Gershom Scholem은 하시디즘
이야기로 유대교 신비주의에 관한 글을 마무리한다.
"바알 셈 토브Baal schem tov*가 피조물의 유익을 위
한 어려운 일을 완수해야 했을 때, 그는 숲의 특정한
장소에 가서 불을 지피고는 명상에 잠긴 채 기도했
다. 그러면 그가 실제로 행하고 목도한 모든 것은 그
가 계획한 것과 똑같이 일어났다. 한 세대가 지나고
마지드 폰 메세리치Maggid von Meseritsch가 큰일을 앞
두고 같은 숲의 같은 장소로 가서 말했다. '더 이상

* [옮긴이] 하시디즘의 창시자

불을 피울 수는 없지만 기도는 할 수 있습니다.' 그렇게 기도하고 나서 모든 게 계획대로 되었다. 다시 한 세대가 지나고 사소우 출신 랍비 모셰 뢰브Mosche Löb도 큰일을 행해야 했다. 그도 그 숲에 들어갔다. 거기서 그는 말했다. '더 이상 불을 피울 수도 없고 기도가 잘되게 하는 특별한 명상법도 알지 못합니다. 하지만 이 모든 걸 행하는 숲속의 이 장소를 알고 있으니 이것으로 충분하지 않겠습니까.' 실제로 그것만으로 충분했다. 또 한 세대가 지나고 랍비 이즈라엘 폰 리신Israel von Rizsin이 계획된 큰일을 이행해야 할 때가 오자 자기 집 의자에 앉아 말했다. '불을 피우지도 못하고 적혀 있는 기도문도 말하지 못하고 더 이상 숲속의 그 장소도 알지 못하지만, 그 이야기를 한 수는 있습니다.' 그리고 그 이야기만으로 앞의 세 사람이 경험한 효과가 동일하게 일어났다."[62]

이 하시디즘 이야기는 철학자 테오도르 아도르

노Theodor Adorno의 저서 『게르숌 G. 숄렘에게 보내는 인사. 70번째 생일을 맞이하여』에 인용되어 있다. 아도르노는 이를 근대의 만연하는 세속화 과정에 대한 은유적 이야기로 해석한다. 세계는 계속 탈신비화되어 간다. 신화적 불은 꺼진 지 오래다. 더 이상 기도하지 못한다. 내밀한 명상 역시 하지 못한다. 숲속의 신화적 장소도 잊혔다. 오늘날은 여기에 더 결정적인 것이 추가된다. 이제 우리는 신화적 장면을 회고적으로 그려낼 수 있는 **이야기할 능력**마저 상실해 가는 중이다.

충격에서 '좋아요'로

벤야민은 시인 샤를 보들레르Charles-Pierre Baudelaire에 관한 연구 『보들레르의 몇 가지 모티브에 관하여Über einige Motive bei Baudelaire』에서 보들레르의 짧은 산문집 『광배의 상실Verlust einer Aureole』을 인용한다. 대로를 건너다 광배를 잃어버린 시인에 관한 이야기다. "조금 전 급히 대로를 건너다가 죽음이 사방에서 갑자기 우리에게 질주하듯 달려오는 이 요동치는 카오스 속에서 덧없이 움직이다가 광배가 나에게서 떨어져 나가 아스팔트의 진창으로 떨어졌다."[63] 이 이야기를 벤야민은 근대를 비유하는 이야기로 해석한다. 즉 아우라의 쇠락에 관해 이야기한다. "그는 [보들레르는] 근대 유행의 대가를 묘사했다. 그것은 충격 경험으로 인한 아우라의 붕괴다."[64]

현실은 관찰자에게 갑작스럽게 충돌하듯이 침투한다. 이러한 현실은 그림이 그려진 캔버스에서 영화가 돌아가는 스크린으로 이동한다. 그림은 관찰자를 관조적으로 머무르게 한다. 그 앞에서 관찰자는 자유로운 연상에 자신을 내맡긴다. 관찰자는 자기 안에서 안식한다. 그러나 영화의 관찰자는 죽음이 사방에서 자신을 향해 질주하는, 즉 교통 혼잡의 한복판에 서 있는 보행자와도 같다. '영화는 오늘날 사람들의 생의 위험과도 같은 예술 형식이다.'[65]

지크문트 프로이트Sigmund Freud에 따르면, 의식의 주요 역할은 자극 방어다. 의식은 침투하는 자극을 허용할 때 의식 속에 그 자극의 자리를 지정해 주려고 한다. 벤야민은 프로이트이 말을 다음과 같이 인용한다. "살아 있는 유기체에게는 자극으로부터의 보호가 자극의 수용보다 더 중요한 일이다. 각자의 에너지 비축 공간을 가지고 있어서 그 안에서 일어나는 특정 에너지 변환을 거대하고도 파괴적인 외부

에너지의 영향으로부터 보호해야 하기 때문이다."[66] 이 위협적인 외부로부터의 에너지는 충격으로 다가온다. 의식이 성공적으로 작동할수록 충격의 외상성 영향을 덜 받는다. 의식은 침투한 자극이 정신의 심층에 도달하는 것을 막는다. 이러한 의식 층위의 자극 방어가 잘 작동하지 않으면, 우리는 외상성 충격을 받는다. 그리고 외상성 충격 극복에 꿈과 기억이 사용된다. 꿈과 기억은 우리에게 처음에는 부족했던 자극 처리를 위한 시간을 가질 수 있게 해준다. 충격이 의식에 의해 방어되면 충격을 유발한 해당 사건은 경험으로 감쇄된다. 근대에는 개별 인상에 대한 충격의 순간이 기여하는 비중이 너무 커서 의식이 지속적으로 자극 보호에 활성화되어 있어야 한다. 자극 보호가 성공적일수록 충격은 **경험**으로 덜 스며든다. 경험은 지각 경험 또는 체험으로, 즉 한층 더 감쇄된 층위로 내려간다. 근대의 대도시 사람들의 눈은 보호 기능으로 과부하되어 있어서 관조적 머무름을 잊어간다. "보호하는 시선은 먼 것에 대한 꿈꾸기를 상실하게 한다."[67]

벤야민은 충격의 경험을 보들레르의 시적 원리와 비교해 말한다. "그는 [보들레르는] 예술가가 패배하기도 전에 경악하며 비명을 내지르는 결투에 대해 묘사한다. 이 결투는 창조의 과정 그 자체다. 보들레르는 충격의 경험을 본인의 예술 작품의 핵심에 두었다. (…) 경악에 자신을 내맡긴 보들레르는 스스로도 그러한 경악을 불러일으키는 데 익숙하다. 작가 바예스Vallés는 보들레르의 특이한 표정 연기를 전달한다. (…) 문예비평가 고티에Gautier는 보들레르가 낭독할 때 '말 끊기'를 즐겨 했다고 말한다. 사진가 나다르Nadar는 그의 독특한 걸음걸이를 묘사한다."[68] 벤야민이 말하기를, 보들레르는 '외상기호증을 가진 사람' 중 하나다. 그는 '정신적, 육체적으로 충격에 맞서는 것을 본인의 중요한 일로 삼았다.' 그는 펜으로 '칼싸움'을 한 격이다.

벤야민의 보들레르 연구가 있은 지 100년이 지났다. 영화가 돌아가는 스크린은 우리가 거의 하루 종일 손에 쥐고 있는 디지털 화면으로 바뀌었다. 독일어의 '면Schirm'이라는 단어는 본래 보호라는 의미를 갖고 있었다. 화면은 현실을 이미지 속으로 **잡아둔다**. 그럼으로써 우리를 현실로부터 차단한다. 우리는 이 현실을 거의 유일하게 디지털 화면을 통해서 인식한다. 이 현실은 화면의 단편에 지나지 않는다. 현실은 스마트폰에서 너무 축소되어 현실의 인상이 더 이상 충격의 순간을 포함하지 않는다. **충격은 '좋아요'로 대체**된다.

스마트폰은 **타자**가 자기 자신을 알리는 **시선**을 완전히 앗아감으로써 실제와 우리 사이를 가장 효율적으로 차단한다. 터치스크린은 대면하는 상대인 현실을 완전히 사라져 버리게 만든다. 타자성을 박탈하고, 타자는 소비 가능해진다. 라캉에 따르면 이미지는 나를 바라보는, 사로잡는, 마법을 거는, 현혹시키는 시선을, 나를 자신의 궤도에 끌어들이고 내 눈을 사로잡는 시선을 여전히 가지고 있다. "이미지 안에는 항상 시선을 가진 것들이 존재한다."[69] 라캉은 시선과 눈을 구분한다. 눈은 허구의 이미지를 구축하고, 그 이미지는 **시선을 방해**한다.

얼굴은 거리를 유지할 것을 요구한다. 그것은 그대Du이지, 가용한 그것Es이 아니기 때문이다. 그러나 우리는 손가락으로 어떤 사람의 사진을 터치하거나 심지어는 옆으로 밀어버릴 수 있는데, 이는 그것이 이미 시선, 즉 얼굴을 상실했기 때문이다. 라캉이라면 터치스크린에 고정된 이미지는 **시선이 없는** 것이라고, 나의 필요를 만족시키는 **눈요기**로서만 작용한다고 말했을 것이다. 터치스크린은 그나마 시선을 투과시키는 **영사막** 스크린과도 구분된다. 반대로 디지털 화면은 우리를 현실로부터 완벽히 차단함으로써 아무것도 **투과**하지 못하게 한다. 그것은 **평평**하다.

모든 상이론Bildtheorie은 그 상이 내재되어 있는 사회를 반영한다. 라캉의 시대에 세계는 여전히 **시선을 가진** 것으로 경험되었다. 하이데거의 경우에도 오늘날 우리에게는 낯선 표현들이 존재한다. 『예술 작품의 근원Der Ursprung des Kunstwerkes』에서 하이데거는 이렇게 썼다. "도구: 도끼, 주전자 또는 신발. 용도성은 이 존재자Seiende들이 우리를 바라보고, 노려보고, 그럼으로써 현전하고 존재하는 기초관계성이다."[70] 존재자의 눈앞의 존재Vorhandensein를 사라지게 만드는 것은 실제로 이 용도성이다. 우리가 도구를 그것의 목적에 따라 지각하기 때문이다. 하이데거의 '도구'는 여전히 시선을 갖는 차원을 보존한다. 그것은 우리를 바라보는 **상대방**이다.

시선의 소멸은 늘어가는 지각의 나르시시즘화로 이어진다. 나르시시즘은 허구의 이미지를 위해 시선, 즉 타자를 제거한다. 스마트폰은 타자의 추방을 가속화한다. 디지털 거울은 후기 유아기 거울 단계의 재현을 유도한다. 스마트폰 때문에 우리는 허구의 자아를 유지시키는 거울 단계에 잔류한다. 디지털은 현실, 허구, 상징이라는 라캉의 삼분법을 급진적으로 개조한다. 디지털은 현실을 해체하고, 공동체적 가치와 규범을 체화시키는 모든 상징을 허구의 것을 위해 점차 사라지게 한다. 궁극적으로 공동체의 침식이라는 결과를 낳는다.

넷플릭스의 시대에는 아무도 영화와 관련해 충격의 경험을 말하지 않는다. 넷플릭스 시리즈는 강조된 삶의 위험에 상응하는 예술 형식이 결코 아니다. 그보다는 **빈지뷰잉**Binge Watching,[*] 즉 생각 없는 시청이 시리즈 소비를 특징짓는다. 관찰자는 마치 소비 가축처럼 살찌워지다 **빈지뷰잉**은 디지털화된 후기 근대의 지각 양식으로 일반화할 수 있다.

---

[*] [옮긴이] 짧은 시간 안에 여러 에피소드를 한 번에 보는 것. '정주행'에 해당하는 신조어

이러한 **충격에서 '좋아요'로의 전환**은 신체 기관의 변화에서도 원인을 찾을 수 있다. 근대 사회에서는 늘어가는 자극 홍수를 충격으로 지각했을 수 있다. 그러나 시간이 흐르면서 우리의 신체 기관은 늘어난 자극량에 적응한다. 따라서 지각은 점차 둔해진다. 자극 방어가 일어나는 뇌피질은 흡사 굳은살로 뒤덮여 간다. 의식의 가장 바깥층은 경화되고 '무기無機'의 상태로 변해간다.[71]

보들레르처럼, 의도하지 않았는데도 경악을 불러일으키는 예술가형은 오늘날엔 시대에 뒤처질 뿐 아니라 거의 그로테스크하다고 여겨진다. 제프 쿤스 Jeff Koons는 현대에 알맞은 예술가형이다. 그는 **스마트한 예술가**로 여겨진다. 그의 작품들은 충격과는 완전히 정반대인, 매끄러운 소비 세계를 반영한다. 그가 관찰자들에게 요구하는 것은 단순한 '와우'다. 그의 예술은 의도적으로 이완된 상태, 무장 해제 상태다. 그는 무엇보다 **마음에 들고자** 한다. 따라서 그의 모토는 '관찰자를 끌어안는' 것이다. 그의 예술은 그 어느 것도 관찰자를 경악하게 하거나 동요하게 하지 않는다. 충격 저편에 있기 때문이다. 쿤스의 말에 따르면, 그의 예술은 '소통'이고자 한다. 그러나 어쩌면 이렇게 말하는 게 맞을지 모른다. **"'좋아요'가 내 예술의 모토다"**라고.

이야기로서의 이론

《와이어드Wired》의 편집장 크리스 앤더슨Chris Anderson은 에세이 「이론의 종말The End of Theory」에서 상상할 수 없을 정도로 거대한 데이터 양이 기존의 이론들을 완전히 쓸모없게 만들 수도 있다고 주장했다. "요즘 같은 거대 데이터 시대에 성장한 구글 같은 기업들은 굳이 불만족스러운 모델을 유지할 필요가 없다. 사실 모델 자체를 유지할 필요도 없다."[72] 그의 말에 따르면, 데이터 기반 심리학 또는 사회학은 인간의 행동을 정확히 예측하고 제어할 수 있도록 해준다. 이론은 직접적인 데이터 비교로 대체된다. "언어학에서 사회학에 이르기까지 인간의 행위에 관한 모든 이론은 옛것이 되었다. 분류체계, 온톨로지, 심리학마저 전부 잊어라. 인간이 왜 그런 행위를 하는지 설명할 수 있는 사람이 누가 있는가? 그냥 하는 것뿐이고, 이제 우리는 그것을 전례 없는 정확도로 추적해 측정할 수 있다. 데이터만 충분히 확보되어 있다면, 숫자가 알아서 말해줄 것이다."[73]

빅데이터는 사실상 설명하는 것이 없다. 빅데이터에서는 사물들 사이의 **상관관계**만이 파악된다. 그러나 이러한 상관관계는 지식의 가장 원시적인 형식이다. 상관관계에서 얻을 수 있는 깨달음은 없다. 빅데이터는 사물이 **왜** 그렇게 서로 연관되어 있는지는 설명할 수 없다. 인과적 맥락도, 개념적 맥락도 생성되지 않는다. '어째서Wieso'가 '개념이 결여된 그것이 그렇다Es-ist-so'로 완전히 대체된다.

이야기로서의 이론은 사물들을 관계성 안에 집어넣은 후에도 **왜** 그렇게 관계되어 있는지 설명하는 질서가 있다. 이론은 사물을 이해하게 해주는 **개념적 맥락**을 발전시킨다. 빅데이터와 반대로 이러한 질서는 우리에게 지식의 가장 고차원적 형식, 즉 **이해**를 제공한다. 이는 사물을 개념화하고 이해할 수 있게 하는 종결 형식이다. 반면 빅데이터는 완전히 **열려 있다**. 종결 형식을 띤 이론은 사물을 개념적 틀에 **담은** 후 그것을 **이해 가능한** 것으로 만든다. 이론의 종말은 결국 **정신적 개념**과의 작별을 뜻한다. 인공지능은 개념 없이도 작동한다. **지능은 정신이 아니다**. 사물의 새로운 질서, 새로운 이야기는 정신만이 할 수 있다. 지능은 계산하고 센다. **정신은 이야기한다**. 데이터 기반 정신과학은 **정신을 탐구하는** 과학이 아니라 데이터과학이다. **데이터는 정신을 몰아낸다**. 데이터 지식은 정신의 영점에 해당한다. 데이터와 정보로 가득한 세상은 이야기할 능력을 위축시킨다. 그 결과로 이론은 잘 구축되지 않으며 매우 **모험적**이기까지 하다.

이론이 이야기라는 점은 프로이트를 보면 매우 명확히 알 수 있다. 프로이트의 심리 분석은 심리적 장치의 설명 모델을 제공하는 이야기다. 프로이트는 환자들에게 들은 이야기를 정신분석적 서사에 적용해서 특정 행위, 특정 증상을 이해할 수 있게 만든다. 치유는 프로이트가 환자에게 제시하는 서사에 환자도 동의하는 과정 중에 일어난다. 환자의 일화와 프로이트의 정신분석적 서사는 상호 간섭적으로 작용한다. 일화는 항상 새로 이야기되고, 프로이트가 해석하고자 하는 자료에 역시 새로 적용된다. 즉 일화는 프로이트가 구성해 나가는 서사로 포섭된다.

이 과정에서 프로이트는 자기 이야기의 주인공으로 등장한다. "일그러진 형식으로 전달된 내용을 재구성하는 재서술자로서, 프로이트는 단순히 일관성 없는 자료에 집중하고, 가중치를 부여하고, 자료를 정리하는 데 그치는 것이 아님을 알 수 있다. 그에게는 아무 문제가 발생하지 않는다. 예상되는 반격이 있더라도 자신의 자료에 대한 해석의 주권을 잃지 않기 때문이다. 심지어는 해석되어야 하는 자료가 자신의 접근 가능 범위를 벗어나려고 할수록 그는 자신의 정신분석적 해석 규칙의 정당성을 더욱 고집스럽게 주장하며, 그 과정에서 자신의 분석적 이야기의 숨은 영웅으로 정체를 드러낸다."[74]

『플라톤의 대화편』에서도 철학이 이야기라는 점이 분명히 드러난다. 플라톤은 진리의 이름으로 이야기 형식의 신화를 비판하지만, 역설적으로 자신도 신화적 이야기를 매우 자주 사용했다. 몇몇 대화에서는 심지어 신화적 이야기가 핵심 역할을 한다. 가령 「파이돈Phaidon」에서 플라톤은 『신곡』에서의 단테와 같이 사후 영혼의 운명에 대해 이야기한다. 죄인은 타르타로스Tartaros*에서의 영원한 고통을 선고받고, 의인만이 사후에 천국의 집으로 들어간다는 것이다 사후 영혼의 운명에 관한 설명을 마친 뒤 플라톤은 그러한 운명을 믿는 건 그럴 만한 가치가 있다면서 이렇게 말한다. "자신이 말한 것이 무조건적 진리라고 단언하는 것은 사유하는 사람에게 적절

* [옮긴이] 그리스 신화 속 지하감옥

하지 않다. 그러나 우리 영혼의 운명, 그리고 영혼의 거처는 이와 같거나 비슷하다는 것, 영혼이 불사한 다는 것이 사실이라면 단호하게 주장해도 되고 과감 히 믿어볼 가치가 있다. 그러한 시도는 훌륭한 모험 이며 마치 마법의 노래처럼 스스로 불러야 하는 것 이므로, 나는 직접 그렇게 오랫동안 나의 시(신화)를 낭독하는 데 시간을 보내고 있던 것이다.[75]

'시(신화)'로서의 철학은 **모험, 신비로움으로 가득한 모험**이다. 그러한 철학은 **새로운 삶과 존재형식까지도 이 야기**한다. 데카르트의 '나는 생각한다. 고로 존재한 다'는 새로운 시대를 상징하는 사물의 새로운 질서 를 드러낸다. 확실성을 향한 이러한 급진적 방향 설 정은 기독교적·중세적 이야기를 넘어 **새로운 것으로 의 모험**이다. 계몽 역시 이야기다. 칸트의 도덕법칙 의 경우 매우 모험적인 이야기다. 이 이론에서는 도 덕적 신이 행복을 '도덕성Sittlichkeit과 정확히 비례하 도록'[76] 분배한다고 주장한다. 우리는 덕Tugend을 위해 세속적 향유를 포기하고 그만큼을 도덕적 신에게서 행복으로 보상받는다는 것이다. 영혼의 불사성에 대한 칸트의 공리 역시 마찬가지로 모험적인 이야기다. 칸트에 따르면 '최고선의 실현'은 '무한히 지속되는 존재를 전제'하는데, 이는 '감각계의 본질이 (…) 그의 삶의 어떠한 시점에서도' '도덕법칙을 위한 심정Gesinnung을 완전히 적절한 정도로' 드러낼 수 없기 때문이다. 그래서 인간이 죽음을 넘어 '최고의 선'에 도달하기를 갈망함으로써 '무한히 지속되는 미래로의 전진'을 진리로 가정하는 것이다.[77] 영혼의 불사와 관련한 **우화로서** 칸트의 도덕법칙과 플라톤식 신화는 기본적으로 크게 다르지 않다. 다만 칸트와 달리 플라톤은 이것이 이야기(신화)라고 주장한다.

   새로운 이야기는 새로운 지각을 가능케 한다. 프리드리히 니체Friedrich Nietzsche의 모든 가치에 대한 가치전도Umwertung aller Werte는 세계를 향한 새로운 시각을 열어준다. 세계는 이를테면 **다시 이야기되는 것**umerzählt이다. 세계를 완전히 다른 눈으로 보게 되는 것이다. 니체의 『즐거운 학문Die fröhliche Wissenschaft』은 협의의 차원에서 학문이 아니다. 이는 '희망', 즉 '내일과 모레에 대한 생각'이 기초가 된 **미래 서사**로 구상된다. 니체가 말한 모든 가치에 대한 가치전도는 **모험과 향연으로서의 이야기**, 즉 **탐험**이다. 이러한 이야기는 **미래**를 열어준다.

『즐거운 학문』의 서문에서 니체는 이렇게 썼다. "'즐거운 학문', 이것은 크로노스 신에게 드리는 정신의 제사와 같다. 끔찍하리만치 긴 압제에 참을성 있게, 엄중하게, 냉철하게, 굴복 없이, 그러나 희망도 없이 인내하며 저항했던, 그러다가 이제는 돌연 건강을 향한 희망, 재기의 **도취감**Trunkenheit이라는, 희망에 졸도당한 정신의 제사 말이다. 이때 수많은 부조리와 어리석음이, 가시 박힌 털가죽에 덮여 만지거나 유혹할 수 없던 수많은 문제에 낭비된 방탕한 애

정이 드러난다. 이 책은 오랜 궁핍과 무력 뒤에 맞이하는 축연Lustbarkeit에 다름 아니며, 다시 돌아오는 힘과 새로 싹튼 믿음, 미래와 곧 벌어질 모험과 다시 열려 있는 바다와 다시 허락된, 다시 믿어진 목표에 대한 갑작스러운 느낌과 기대에 대한 광희다."[78] 니체는 이야기 서술자로서 자신의 저작성을 강조한다. "나는 **관점을 전환**하는 손을 가지고 있다. 그래서 **모든 가치에 대한 가치전도**가 가능했던 것이다."[79] 이론이 이야기인 경우에만 그 이론이 **열정**Passion일 수 있다. 인공지능은 이 때문에 사유할 수 없는 것이다. 인공지능은 열정을, 즉 열정이 **담긴**passionierte **이야기를** 하지 못하기 때문이다.

철학이 자신을 학문, 심지어 정확한 학문이라고 주장하는 순간에 철학의 쇠락이 시작된다. 학문으로서의 철학은 본래의 서사적 성질을 부정한다. 이로 인해 **언어**가 박탈된다. 그러면 철학은 **침묵한다**. 철학의 역사를 관리하는 데 힘을 다 쓴 학문으로서의 철학은 더 이상 이야기를 할 수 없다. 그런 철학은 **모험**이 아닌 **요식 행위**일 뿐이다. 오늘날 서사의 위기는 철학에도 해당되며, 철학을 종말로 이끈다. 우리에겐 더 이상 철학을 향한 용기, 이론을 향한 용기, 즉 **이야기할 용기가 없다.** 우리는 사유가 결국 그 자체로 이야기라는 것과 이야기의 단계를 거쳐 나아가는 것임을 지각해야 한다.

치유의 스토리텔링

『사유 이미지Denkbilder』에서 벤야민은 치유의 근원적 광경을 묘사한다. "아이가 아프다. 어머니는 아이를 침대에 데려다 놓고 아이의 옆에 앉는다. 그리고 아이에게 이야기를 들려주기 시작한다."[80] 이야기는 심층적 이완을 가능케 함으로써, 그리고 근원적 신뢰를 형성함으로써 치유의 효과를 발휘한다. 어머니의 사랑이 가득 담긴 목소리는 아이를 진정시키고, 영혼을 어루만지고, 결합을 강화하고, 지지를 보낸다. 그 외에도 동화는 평온한 세계에 관해 이야기한다. 그러한 이야기는 세계를 익숙한 집으로 변신시킨다. 또한 동화의 기본 패턴 중 하나가 위기의 행복한 극복이다. 그렇게 동화는 아이로 하여금 자신의 병을 극복하게 돕는다.

이야기하는 손에도 치유의 힘이 있다. 벤야민은 마치 이야기하는 듯한 움직임을 보이는 여성의 두 손에서 나오는 색다른 치유력에 대해 언급했다. "그녀의 움직임은 표현력이 매우 풍부했다. 그러나 그 표현력을 묘사할 수는 없다. 그것은 마치 손들이 직접 이야기를 들려주는 것 같았다."[81] 모든 병은 내부의 막힘을 드러내며, 이 막힘은 **이야기의 리듬**으로 해제할 수 있다. **이야기하는 손**은 긴장, 정체되어 막힌 것, 경화된 것을 풀어준다. 그리고 사물을 다시 안정시킨다. 즉 다시 **흐름** 속으로 돌려보낸다.

벤야민은 '입을 통해 이야기의 흐름에 들어갈 수 있도록 충분히 멀리 흘러가게 한다면 모든 질병이 치유 가능한 것이 아닌지' 궁금해한다.[82] 고통은 그러한 이야기의 흐름에 저항하는 둑과 같다. 하지만 흐름이 강력해지면 둑도 터진다. 일단 터지고 나면 이 물길은 자기가 가는 길에서 만난 모든 것을 행복한 해방의 바다로 떠내려 보낸다. 어루만지는 손은 이야기의 물길을 이끌어내며 '침대를 그려'준다.[83] 벤야민은 아픈 사람이 치료 초기에 의사에게 이야기하는 데서 이미 치유가 시작된다는 점을 지적했다.

프로이트도 고통을 개인의 이야기 속에 나타나는 막힘을 드러내는 증상으로 이해했다. 막힘이 있는 사람은 자신의 이야기를 이어나갈 수 없다. 심리적 장애는 막혀버린 이야기의 표출이다. 치유는 환자들을 이야기의 막힘으로부터 자유롭게 해주고, 이야기할 수 없는 사람들이 이야기를 말로써 표현할 수 있게 하는 과정에서 일어난다. 환자는 **스스로 자유롭게** 이야기할 때 치유된다.

이야기는 치유력을 발휘한다. 벤야민은 치유의 마법인 메르세부르크Merseburg의 마법 주문*을 언급했다. 그러나 이 주문은 추상적인 규칙으로 되어 있

* [옮긴이] 10세기 질병이나 불행이 닥쳤을 때 쓰는 주문으로 오랫동안 구전되었다.

지 않았다. 오히려 오딘이 주문을 외게 된 이야기인, 부상당한 말의 이야기를 담고 있다. 벤야민은 이와 관련해 이렇게 말한다. "오딘의 규칙을 반복한다는 게 이야기의 전부가 아니다. 오히려 오딘이 그러한 규칙을 맨 처음에 사용한 이유에 기초해 그 사태를 이야기하고 있다."[84]

트라우마적인 사건은, 위로나 희망을 줌으로써 위기를 극복하게끔 도와주는 종교적 서사에 통합될 때 극복 가능하다. 결정적 사건에 직면하면 **위기 서사**는 사건을 의미 있는 맥락에 삽입함으로써 위기에 대해 잘 알도록 할 수 있다. 음모론도 치유 효과는 있을 수 있다. 음모론 지지자들은 위기의 원인이 되는 복잡한 문제에 대해 간단한 설명을 제시한다. 이는 특히나 위기의 시기에 사람들을 설득하는 방식이다. 급작스럽게 위기에 처한 상황에서 서사는 과거의 시점을 지정하므로 치유 효과를 발휘한다. 과거로 이동하면 현재에는 영향을 미치지 못하기 때문이다. 마치 기록에 남겨둔 것처럼 된다.

『인간의 조건Vita activa oder vom tätigen Leben』에서 한나 아렌트Annah Arendt는 아이자크 디네센Isak Dinesen의 낯선 단어를『행동의 장Kapitel zum Handeln』에 모토로 제시한다. "모든 슬픔은 이야기에 담거나 이야기로 해낼 수 있다면 견딜 수 있다."[85] **이야기 판타지**는 치유적이다. 슬픔은 억압적인 현사실성이 서사적 **외관** 속으로 들어감으로써 제거된다. 이야기의 리듬, 이야기의 멜로디에 흡수된다. 이야기는 슬픔을 단순한 현사실성 이상으로 끌어올린다. 슬픔은 정신적인 막힘으로 굳어지는 대신 이야기의 물결에 녹아들어 **액화**된다.

오늘날은 스토리텔링이 넘침에도 **이야기하는 분위기**가 사라지고 있다. 병원에서조차 이야기를 거의 하지 않는다. 의사들에겐 이야기를 경청할 시간도, 인내심도 없다. 효율의 논리는 이야기의 **정신**과 조화될 수 없다. 심리치료와 정신분석만이 여전히 이야기의 치유력을 상기시키고 있을 뿐이다. 작가 미하엘 엔데Michael Ende의 『모모』는 경청만으로 사람들을 치유할 수 있음을 보여준다. 모모에게는 시간이 많다. "시간이야말로 모모에게 많은 유일한 것"이다. 모모의 시간은 다른 사람들에게 가치 있게 쓰인다. 타자의 시간이 좋은 시간으로 작용한다. 모모는 이상적인 경청자다. "어린 모모가 다른 누구도 할 수 없는 일을 했는데, 그건 바로 '듣기'였다. 일부 독자들은 그게 전혀 특별하지 않다고 할지 모르겠지만 그건 착각이다. 경청을 잘할 수 있는 사람은 매우 드물다. 모모의 경우 어떻게 그렇게 경청을 잘하는지, 그 방법마저 특별하다."

모모의 우호적이고도 사려 깊은 침묵은 상대를 자기 혼자서는 절대 도달할 수 없었을 생각으로 데려간다. "모모는 뭔가를 말하거나 질문함으로써 사람들을 그러한 생각으로 이끄는 게 아니다. 그렇다.

그저 앞에 앉아 경청만 한다. 모든 사려와 공감을 다해. 그러면서 모모는 자신의 크고 짙은 눈으로 상대를 가만히 바라보고, 문제를 풀어야 하는 그 상대는 이미 자기 안에 있었지만 한 번도 알아채지 못했던 생각이 갑자기 떠오르는 걸 느끼는 것이다." 모모는 타자가 **스스로 자유롭게 이야기를 풀어놓도록** 배려해준다. 모모는 이야기의 막힘을 풀어냄으로써 치유한다. "어느 날, 한 어린 소년이 모모에게 더 이상 노래하지 않으려는 자신의 카나리아 새를 데려왔다. 그건 모모에게 훨씬 어려운 일이었다. 하지만 모모는 일주일 내내 새에게 귀를 기울여 주었고, 마침내 새가 다시 지저귀며 즐거워했다."

경청에서 중요한 것은 전달되는 내용이 아니라 **사람**, 즉 **타자가 누구인**가다. 모모는 자신의 깊고 다정한 시선을 통해 타자를 그 사람의 타자성 안에 **그대로 둔다**. 이는 수동적인 상태가 아닌 능동적인 행위다. **경청은 상대에게 이야기할 영감을 주고** 이야기하는 사람 스스로 **자신을 소중하다고** 느끼고, **자신의 목소리를 듣고**, 심지어 **사랑받는다**고까지 느끼는 **공명의 공간**을 연다.

어루만짐 또한 치유력이 있다. 접촉은 이야기하기처럼 친밀함과 근원적 신뢰를 형성한다. 촉각적 이야기로서 접촉은 고통과 질병으로 이끄는 긴장과 막힘을 풀어낸다. 의사 빅토르 폰 바이츠제커Viktor von Weizsäcker는 또 다른 치유의 근원적 광경을 다음과 같이 묘사한다. "고통스러워하는 남동생을 보던 어린 소녀는 그 어떤 지식보다 뛰어난 방법을 찾았다. 소녀는 손으로 남동생을 기분 좋게 쓰다듬고 그의 아픈 곳을 부드럽게 어루만져 주려 했다. **어린 사마리아인이 최초의 의사가 된 이유**다. 근원적 효과에 대한 예견이 무의식중에 소녀를 지배했다. 그 예견은 소녀로 하여금 손을 사용해야 한다고 생각하게 만들고 효과적인 접촉으로 이끌었다. 이것을 바로 남동생이 경험했으므로 손은 그에게 감동이 되는 것이다. 그와 그의 고통 사이에는 누나가 손으로 곧 어루만져

줄 것임을 느끼는 감각이 자리하며, 고통은 이 새로운 감각 앞에서 물러난다."[86] 접촉하는 손은 이야기하는 목소리와 동일한 치유 효과를 발휘한다. 근접성과 신뢰를 형성한다. 긴장을 풀게 하고 불안을 없애준다.

오늘날 우리는 접촉이 없는 사회에 살고 있다. 접촉한다는 것은 타자로부터 가용성을 박탈하는 **타자의 타자성**을 전제한다. 우리는 소비 가능한 대상을 어루만질 수 없다. 단지 그것을 쥐거나 소유할 뿐이다. 디지털 장치를 상징하는 스마트폰만 하더라도 총체적 가용성의 환상을 만들어낸다. 스마트폰의 소비적 습성은 모든 생활 영역을 포괄한다. 스마트폰은 타자에게서 타자성을 빼앗기도 하고 타자를 소비 가능한 대상으로 전락시키기도 한다.

커져가는 접촉의 빈곤은 우리를 병들게 한다. 우리에게서 접촉이 완전히 없어지면 우리는 스스로의 자아ego 속에 불치의 상태로 사로잡힌 채 잔류할 것이다. 접촉은 우리를 자아 안에서 밖으로 꺼내준다. 접촉의 빈곤은 결국 세계 빈곤으로 이어진다. 그것은 우리를 우울하고, 외롭고, 불안하게 만든다. 디지털화는 이러한 접촉의 결핍과 세계 빈곤을 계속해서 악화시킨다. 역설적이게도 우리를 고립시키는 것은 늘어가는 연결성이다. 여기에 바로 파멸적인 네트워킹의 변증법이 존재한다. 네크워킹되어 있다Vernetztsein는 것은 연결되어 있다Verbundensein는 뜻이 아니다.

실제로는 자기 묘사에 다름이 없는 소셜 네트워크 서비스의 '스토리'도 사람들을 끊임없이 고립시키고 있다. 이야기와 달리 스토리는 친밀감도, 공감도 불러내지 못한다. 이들은 결국 시각적으로 장식된 정보, 짧게 인식된 뒤에 다시 사라져 버리는 정보다. 이들은 이야기하지 않고 **광고**한다. 주목을 두고 벌이는 경쟁은 공동체를 형성하지 못한다. 스토리셀

링으로서의 스토리텔링 시대에 이야기와 광고는 구
분하기가 불가능하다. 이것이 바로 지금의 서사의
위기다.

이야기 공동체

작가 페테르 나더쉬Péter Nadaás는 에세이 『신중한 장소 결정Behutsame Ortsbestimmung』에서 한가운데에 야생 배나무 한 그루가 서 있는 마을에 대해 이야기한다. 더운 여름밤이면 마을 주민들이 이 나무 아래 모여 이야기한다. 이 마을은 이야기 공동체다. 가치와 규범을 품고 있는 이야기는 사람들을 가깝게 연결한다. 이야기 공동체는 **소통 없는** 공동체다. 즉 '이곳에서의 삶이 개인적 체험이 아닌(…) 깊은 침묵으로 이루어져 있다는 느낌을 받는 곳이다.'[87] 이 야생 배나무 아래에서는 마을이 '의례적인 관조' 상태에 빠지며 '집단적 의식 내용'을 허용한다. 즉 '이들은 이것저것에 대한 의견을 갖는 게 아닌, 하나의 큰 이야기를 한다.'[88] 나더쉬는 에세이 말미에서 아쉬워

하며 분명히 말한다. "나는 아직도 따뜻한 여름밤에 마을(사람들)이 큰 야생 배나무 아래서 어떻게 (…) 조용한 소리로 노래하는지 기억난다. (…) 오늘날에는 더 이상 이러한 나무가 없고, 마을의 노랫소리는 사라졌다."[89]

나더쉬가 말하는 소통 없는 공동체로서의 이야기 공동체에서는 침묵, 즉 고요한 조화로움이 지배적이다. 오늘날의 정보사회와는 정반대 모습이다. 오늘날 우리는 더 이상 이야기를 하지 않는다. 그 대신에 과도하게 **소통**한다. 우리는 **게시하고, 공유하고, 링크를 건다.** 집단적 의식 내용을 허용하던 이전의 '의례적인 관조'는 소통과 정보의 도취에 자리를 내주었다. 소통 소음은 마을 주민들이 **하나의 이야기**에 참여하게 함으로써 뭉치게 해준 '노래'를 완전히 침묵하게 만들었다. 이 **소통 없는 공동체**는 **공동체 없는 소통**에 길을 내준다.

이야기는 사회적 응집성을 만든다. 이야기는 의미를 제공하며, 공동체를 형성하는 가치를 전달한다. 이들은 **체제**를 만드는 서사와는 구별되어야 한다. 신자유주의 체제의 기초가 되는 서사는 공동체 형성 자체를 방해한다. 신자유주의적 성과 서사는 **모든 사람을 스스로 자기 자신의 기업가가 되게 한다.** 모두가 다른 사람과의 경쟁 속에 존재한다. 성과 서사는 사회적 응집성, 즉 **우리**를 만들지 않는다. 오히려 연대뿐 아니라 공감까지 해체한다. 자기 최적화, 자기실현과 같은 신자유주의적 서사 또는 진정성은 사람들을 고립시킴으로써 사회를 불안정하게 만든다. 자기 자신에 대한 숭배를 좋아하고 스스로가 지도자인 곳, 모두가 **스스로를 생산하고 스스로를 공연하는** 곳에는 안정적인 공동체가 형성되지 않는다.

신화는 의례적으로 만들어진 공동체 이야기다. 그러나 집단적 의식이 담긴 신화적인 이야기 공동체만 있는 건 아니다. 미래 서사를 가진 근대 사회도 변화를 허용하는 역동적인 이야기 공동체를 만들 수 있다. 자유주의적 허용성에 반대하는 보수적, 국수주의적 서사는 배타적이고 차별적이다. 그러나 모든 공동체 형성 서사가 타자의 배척에 기초하는 것은 아니다. 정체성에 매달리지 않는 포용적 서사도 있기 때문이다. 칸트가 자신의 글 「영구평화를 위해 Zum ewigen Frieden」에서 지지하는 급진적 보편주의는 모든 사람, 모든 국가를 포용해 이들을 하나의 세계 공동체로 통섭하는 대서사다. 칸트는 영구한 평화의 기초를 '세계시민법'과 '보편적 환대'라는 개념으로 삼는다. 이에 따르면 모든 사람에게는 '무한히 늘어뜨릴 수 없어 결국 함께 그 안에서 서로를 용납해야 하고, 누구도 어떠한 장소에서든 타인보다 더 많은 권리를 가지고 있지 않은, 지구 표면의 공동 소유권에 따라 스스로를 사회에 제공할 수 있다.'[90]

이러한 보편주의적 이야기에 따르면 더 이상 난민은 있을 수 없다. 모든 인간은 무제한의 환대를 누릴 수 있기 때문이다. 모든 인간은 세계시민이다. 시인이자 철학자인 노발리스Novalis도 급진적 보편주의를 지지했다. 그는 국가와 정체성을 넘어선 '세계 가족Weltfamilie'을 구상했다. 그는 화해와 사랑의 매체로 시를 격상시킨다. 시는 인간과 사물을 가장 친밀한 공동체 안으로 통합하기 때문이다. "시는 모든 개인을 나머지 전체와의 독특한 연결을 통해 고양시키고, 세계 가족인 아름다운 사회, 즉 우주의 아름다운 가정을 만든다. (…) 개인은 전체에 살고 전체는 개인에 산다. 시를 통해 최고 수준의 교감과 공동 행동성Coactivität이 생성된다."[91] 여기서 말하는 가장 친밀한 공동체는 곧 배타적 정체성 서사를 거부하는 이야기 공동체다.

공동체 이야기에 충분한 저장소가 준비되어 있지 않은 후기 근대의 사회는 불안정하다. 공동체 이야기 없이는 공동 행위를 가능케 하는 강력한 의미의 정치가 생겨날 수 없다. 신자유주의 체제에서 공동체 이야기는 자기실현의 모델인 개인 서사로 눈에 띄게 분해되어 간다. 신자유주의 체제는 공동체 형성 서사의 생성을 방해한다. 신자유주의 체제는 성과와 생산성을 높이기 위해 사람들을 따로 떼어놓는다. 그 결과로 우리에겐 공동체를 구축하고 의미를 형성하는 이야기가 매우 부족하다. 과도하게 급증하는 개인 서사가 공동체를 잠식한다. 자기표현의 형식으로 개인적인 것을 게시하는 소셜 네트워크 서비스의 스토리도 정치적 공론장으로서의 기반을 약화시킨다. 그럼으로써 공동체 이야기의 형성을 어렵게 한다.

강력한 의미의 정치적 행위에는 서사가 전제되어 있다. 그러한 행위는 이야기될 수 있어야 한다. 서사 없는 행위는 임의의 행동이나 반응 정도로 전락한다. 정치적 행동은 서사적 응집성을 전제한다. 아렌트는 정치적 행위를 이야기와 연결 지었다. "이미 언급한 그리스 정치 개념에서 긴밀한 상호 연결

상태를 갖는 행동과 말은, 사실 둘 다 마지막에 항상 이야기를 만들어내는 활동이다. 즉 개별 사건과 원인에서 무작위적이고 우연적으로 보이더라도 이야기되기에 충분한 응집성을 만들어내는 과정이다."[92]

서사는 오늘날 계속해서 탈정치화되고 있다. 이들은 개별 대상, 스타일, 장소, 집단 또는 사건처럼 문화적 특이점을 만듦으로써 사회의 독자화에 기여하곤 한다.[93] 이들은 더 이상 공동체를 형성하는 힘을 펼치지 못한다. 공동의 행위, 그것은 **우리**의 서사에 기반을 두어야 하는 것이다. 이제는 서사가 상업에 의해 본격적으로 독점되고 있다. 스토리셀링으로서의 스토리텔링은 이야기 공동체가 아닌, 소비사회를 형성하기 때문이다. 서사는 마치 상품처럼 생산되고 소비된다. 소비자들은 공동체, 즉 **우리**를 형성하지 않는다. 서사의 상업화는 이들에게서 정치적 힘을 빼앗는다. 그렇게 특정 상품에 공정무역과 같은 도덕적 서사를 씌워 도덕마저 소비 가능하게 만든다. 서사적으로 중개된 도덕적 소비는 그저 자기 가치만을 높일 뿐이다. 서사를 통해 우리는 서사를 발전시키는 공동체가 아닌, 자기 자신의 자아와 연결된다.

스토리셀링

스토리텔링은 최근 매우 인기다. 인기가 너무 많으니 마치 우리가 다시 이야기를 더 많이 하고 있는 것만 같다. 그러나 스토리텔링은 이야기의 귀환이 결코 아니다. 오히려 이야기를 도구화하고 상업화하는 데 사용되고 있다. 스토리텔링은 많은 경우 조작적 목표를 추구하는 효과적인 **소통 기술**로 자리 잡고 있다. 항상 '스토리텔링을 어떻게 활용해야 할까?'에 관한 질문이 중요하게 여겨진다. 스토리텔링에 심취한 프로덕트 매니저들 중 새로운 이야기를 만들어내는 중이라고 생각하는 사람이 있다면, 그건 착각이다.

스토리셀링으로서의 스토리텔링은 이야기를 드러

내는 힘이 없다. 이야기는 가령 존재에 관절을 삽입하는 것과 같다. 그럼으로써 삶에 방향과 지지를 제공한다. 반면에 스토리텔링의 **생산물**로서 서사는 오히려 정보의 특성을 많이 띤다. 정보처럼 덧없고, 임의적이고, 소모적이다. 삶을 안정시킬 힘이 없다.

서사는 감정을 불러일으키기 때문에 날것의 사실 또는 숫자보다 효과가 좋다. 감정은 무엇보다 서사에 반응한다. **스토리를 판다**는 것은 결국 **감정을 판다**는 말과 같다. 감정은 자신도 인지하지 못하는 신체의 본능 층위에서 행동을 제어하는 대뇌변연계에 그 시스템을 두고 있다. 감정은 **이성을 거치지 않고** 행동에 영향을 미친다. 그럼으로써 인지적 방어 반응조차 피해가는 것이다. 자본주의는 이야기를 의도적으로 자신의 것으로 전유함으로써 전前 반성적 층위의 삶을 점령해 버린다. 그럼으로써 의식적 통제와 비판적 성찰을 피해간다.

스토리텔링은 다양한 영역을 다룬다. 데이터에는 영혼이 없다고 여기는 데이터 분석가들마저도 스토리텔링을 배운다. 데이터는 서사와 반대되는 개념이다. 데이터는 사람들에게 감동을 주지 못한다. 데이터는 감정보다는 지성을 더 활성화한다. 신진 언론인들도 마치 소설이라도 써야 할 것처럼 스토리텔링 세미나를 듣는다. 특히 스토리텔링은 마케팅에서 활용된다. 자기 자체로는 가치 없는 사물을 가치 있는 재화로 변화시킨다. 가치 창출에 결정적인 역할을 하는 것은 다름 아닌 소비자들에게 특별한 경험을 약속하는 서사다. 스토리텔링의 시대에 사람들은 사물 자체보다 서사를 더 많이 소비한다. 서사의 내용이 실제 사용 가치보다 더 중요하다. 스토리텔링은 어떤 장소의 특별한 이야기마저 상업화한다. 그러한 이야기는 그 장소에서 생산되는 상품에 서사적 가치를 부여하기 위해 상업적으로 최대한 사용된다. 그러나 진정한 의미의 이야기는 공동체에 정체성을 부여함으로써 그 공동체를 형성해 나간다. 반면 스토리텔링은 이야기를 상품으로 만들 뿐이다.

이제 정치인들도 이야기가 팔린다는 걸 알고 있다. 주의를 끌기 위한 싸움에서 서사가 주장보다 효과적이라는 것이 입증되었다. 그렇게 서사는 정치적으로 도구화된다. 지성이 아닌 감성에 호소한다. 스토리텔링은 정치적 소통의 효과적인 기술로서, 미래까지 영향을 미치고 사람들에게 의미와 방향성을 보여주는 예의 **정치적 비전**이 결코 아니다. 정치적 이야기는 사물의 새로운 질서를 약속하고 **가능한 세계**의 모습을 상세히 묘사한다. 오늘날 우리에게는 희망을 만드는 미래 서사가 부족하다. 우리는 줄타기를 하며 하나의 위기에서 다음 위기로 넘어간다. 정치의 역할은 문제 해결사로 축소된다. 이야기만이 미래를 연다.

삶은 이야기다. 서사적 동물animal narrans인 인간은 새로운 삶의 형식들을 서사적으로 실현시킨다는 점에서 동물과 구별된다. 이야기에는 **새 시작의 힘**이 있다. 세상을 변화시키는 모든 행위는 이야기를 전제한다. 이와 반대로 스토리텔링은 오로지 한 가지 삶의 형식, 즉 소비주의적 삶의 형식만을 전제한다. 스토리셀링으로서의 스토리텔링은 다른 삶의 형식을 그려낼 수 없다. 스토리텔링의 세상에서는 모든 것이 소비로 환원되기 때문이다. 우리로 하여금 다른 이야기, 다른 삶의 형식, 다른 지각과 현실에는 눈멀게 한다. 바로 여기에 스토리 중독 시대 서사의 위기가 있다.

1 Walter Benjamin, Der Erzähler. Betrachtungen zum Werk Nikolai Lesskows, in: Gesammelte Schriften, II.1, Frankfurt/M 1991, p. 438-465. 여기서는: p. 444.

2 같은 책, p. 445.

3 같은 책.

4 Walter Benjamin, Das Passagen-Werk, Gesammelte Schriften, Bd. V.1, Frankfurt/M 1991, p. 560.

5 Benjamin, Gesammelte Schriften, II.1, a.a.O., p. 444.

6 같은 책, p. 445.

7 같은 책, p. 446. 벤야민은 사메니투스 왕 이야기를 그대로 옮기지 않았다. 원본은 벤야민의 요약과 상당히 다르다. 벤야민은 미셸 드 몽테뉴Michel de Montaigne의 수상록에 실린 버전을 채택한 것으로 보인다.

8 같은 책, p. 443.

9 같은 책.

10 같은 책, p. 445.

11 같은 책, p. 444.

12 Benjamin, Das Passagen-Werk, a.a.O., p. 161.

13 Benjamin, Der Erzähler, a.a.O., p. 447.

14   Walter Benjamin, Erfahrung und Armut, in: Gesammelte Schriften, II.1, a. a. O., S. 213 - 219, 이 책에서는: p. 214.

15   Benjamin, Der Erzähler, a.a.O., p. 442.

16   같은 책.

17   같은 책.

18   Benjamin, Erfahrung und Armut, a.a.O., p. 214.

19   같은 책, p. 215

20   같은 책.

21   같은 책, p. 218.

22   같은 책.

23   같은 책, p. 219.

24   같은 책.

25   Paul Scheerbart, Glasarchitektur, Berlin 1914, p. 29.

26   Bertolt Brecht, Journale 2. Autobiografische Notizen 1941- 1955, Frankfurt/M 1995, p. 19.

27   Benjamin, Das Passagen-Werk, a.a.O., p. 600.

28   Marcel Proust, Auf der Suche nach der verlorenen Zeit, Band 1-7, Frankfurt/M 1994, p. 4760.

29   같은 책.

30   같은 책.

31   Martin Heidegger, Sein und Zeit, Tübingen 1979, p. 390.

32   같은 책, p. 390 이하

33   같은 책, p. 390.

34   같은 책, p. 374.

35   같은 책, p. 384.

36 Walter Benjamin, Das Kunstwerk im Zeitalter seiner technischen Reproduzierbarkeit, in: ders., Gesammelte Schriften I.2, Frankfurt/M 1989, p. 435-508, 여기서는: p. 461.

37 참고: 한병철, Psychopolitik. Neoliberalismus und die neuen Machttechniken, Frankfurt/M 2014.

38 Jean-Paul Sartre, Der Ekel, Reinbek 2013, p. 34.

39 같은 책, p. 36.

40 같은 책, p. 14.

41 같은 책, p. 20.

42 같은 책, p. 50.

43 같은 책, p. 51.

44 같은 책, p. 279.

45 Peter Handke, Versuch über die Jukebox, Frankfurt/M 1993, p. 70 이하.

46 같은 책, p. 74.

47 Jean Baudrillard, Das Andere selbst. Habilitation, Wien 1994, p. 19.

48 Paul Maar, Die Geschichte vom Jungen, der keine Geschichten erzählen konnte, in: Die Zeit 2004.10.28. 일자.

49 Novalis, Die Lehrlinge zu Sais, in: Schriften, hrsg. von P. Kluckhohn und R. Samuel, Stuttgart 1960, Band 1, p. 71-111, 여기서는: p. 100 이하.

50 Walter Benjamin, Einbahnstraße, in: Gesammelte Schriften V.1, p. 83-148, 여기서는: p. 116.

51 Walter Benjamin, Über einige Motive bei Baudelaire, in: Gesammelte Schriften I.2, p. 605-653, 여기서는: p. 646.

52 Siegfried Kracauer, Das Ornament der Masse, Essays, Frankfurt/M 1977, p. 24 이하.

53 Proust, Auf der Suche nach der verlorenen Zeit, a.a.O., p. 4537: "Gewisse Geister, die das Geheimnisvolle lieben, wollen glauben, daß die Gegenstände etwas von den Augen an sich bewahren, die sie angesehen haben, daß über Bauten und Bildern ein Gefühlsschleier liegt, an dem Liebe und Bewunderung der vielen Anbeter jahrhundertelang gewirkt und gewoben haben."

54 Benjamin, Das Passagen-Werk, a.a.O., p. 396.

55 Benjamin, Über einige Motive bei Baudelaire, a.a.O., p. 646.

56 Proust, Auf der Suche nach der verlorenen Zeit, a.a.O., p. 4537.

57 Benjamin, Über einige Motive bei Baudelaire, a.a.O., p. 647.

58 Paul Virilio, Information und Apokalypse. Die Strategie der Täuschung, München 2000, p. 39.

59 Susan Sontag, Zur gleichen Zeit. Aufsätze und Reden, München 2008, p. 282.

60 같은 책, p. 281.

61 Cyberwar, God and Television, An Interview with Paul Virilio, in: Digital Delirium, hrsg. von A. und M. Kroker, New York 1997, p. 41-48, 여기서는: p. 47.

62 Gershom Scholem, Die jüdische Mystik in ihren Hauptströmungen, Frankfurt/M 1993, p. 384.

63 Benjamin, Über einige Motive bei Baudelaire, a.a.O., p. 651.

64 같은 책, p. 653.

65 Benjamin, Das Kunstwerk im Zeitalter seiner technischen Reproduzierbarkeit, a.a.O., p. 464.

66 Benjamin, Über einige Motive bei Baudelaire, a.a.O., p. 613.

67 같은 책, p. 650.

68 같은 책, p. 61.

69 Jacques Lacan, Die vier Grundbegriffe der Psychoanalyse, Weinheim u.a. 1987, p. 107.

70 Martin Heidegger, Holzwege, Frankfurt/M 1950, p. 18.

71 Sigmund Freud, Jenseits des Lustprinzips, in: Das Ich und das Es und andere metapsychologische Schriften, Frankfurt/M 1978, p. 121-171, 여기서는: p. 138.

72 Wired Magazine 2008.7.16.일자: "Today companies like Google, which have grown up in an era of massively abundant data, don't have to settle for wrong models. Indeed, they don't have to settle for models at all."

73 같은 책.

74 Elisabeth Bronfen, Theorie als Erzählung: Sigmund Freud, in: Ästhetische Theorie, hrsg. con D. Mersch u.a., Zürich/Berlin 2019, p. 57-74, 여기서는: p. 59.

75 Phaidon, 114d, F. Dirlmeier 번역.

76 Immanuel Kant, Kritik der praktischen Vernunft, in: Werke in zehn Bänden, DArmstadt 1983, Band 6, p. 239.

77 같은 책, p. 252 이하.

78 Friedrich Nietzsche, Die fröhliche Wissenschaft, in: Gesammelte Werke, Kritische Studienausgabe, hrsg. von G. Colli und M. Montinari, Berlin/New York 1988, Band 3, p. 345 이하.

79 Friedrich Nietzsche, Nachgelassene Fragmente 1887-1889, Kritische Studienausgabe, a.a.O., Band 13, p. 630.

80 Walter Benjamin, Denkbilder, in: Gesammelte Schriften,

hrsg. von R. Tiedermann und H. Schweppenhäuser, IV.1, Frankfurt/M 1971, p. 305-438, 여기서는: p. 430.

81 같은 책.

82 같은 책.

83 같은 책.

84 같은 책.

85 Hannah Arendt, Vita activa oder Vom tätigen Leben, München 1981, p. 164.

86 Viktor von Weizsäcker, Die Schmerzen, in: Der Arzt und der Kranke, Stücke einer medizinischen Anthropologie, in: Gesammelte Schriften, Band 5, Frankfurt/M 1987, p. 27-47, 여기서는: p. 27.

87 Peter Nádas, Behutsame ORtsbestimmung. Zwei BErichte, Berlin 2006, p. 11.

88 같은 책, p. 17.

89 같은 책, p. 33.

90 Immanuel Kant, Zum weigen Frieden, in: Werke in zehn Bänden, hrsg. von W. Weischedel, Wiesbaden 1964, Band 9, p. 193-251, 여기서는: p. 214.

91 Novalis, Schriften, a.a.O. Band II, p. 533.

92 Arendt, Vita activa oder Vom tätigen Leben, a.a.O., p. 90. Hervorhebung von B. Han.

93 참고: Andreas Rechwitz, Die Gesellschaft der Singulairät: Zum Strukturwandel der Moderne, Berlin 2019.

옮긴이 최지수

한국외국어대학교에서 독일어를 공부하고 통번역대학원에서 통역 전공으로 석사 취득 후 동대학원에서 통번역학 박사학위를 받았다. 한양대학교 독어독문학과에서 강의하며 충북대학교 인문학연구소에서 통번역 에디터 과정을 맡고 있다. 출판번역 에이전시 글로하나에서 번역가로 활동 중이며 『나를 살리는 철학』, 『강아지와 가족이 됐어요!』, 『고양이와 가족이 됐어요!』, 『프렌드북 유출사건』 등을 번역했다.

서사의 위기

초판 1쇄 발행 2023년 9월 15일
초판 6쇄 발행 2024년 4월 9일

지은이 한병철
옮긴이 최지수
펴낸이 김선식

부사장 김은영
콘텐츠사업본부장 박현미
책임편집 박윤아 **디자인** 황정민 **책임마케터** 최혜령
콘텐츠사업4팀장 임소연 **콘텐츠사업4팀** 황정민, 박윤아, 옥다애, 백지윤
마케팅본부장 권장규 **마케팅1팀** 최혜령, 오서영, 문서희 **채널1팀** 박태준
미디어홍보본부장 정명찬 **브랜드관리팀** 안지혜, 오수미, 김은지, 이소영
뉴미디어팀 김민정, 이지은, 홍수경, 서가을, 문윤정, 이예주
크리에이티브팀 임유나, 박지수, 변승주, 김화정, 장세진, 박장미, 박주현
지식교양팀 이수인, 염아라, 석찬미, 김혜원, 백지은
편집관리팀 조세현, 김호주, 백설희 **저작권팀** 한승빈, 이슬, 윤제희
재무관리팀 하미선, 윤이경, 김재경, 이보람, 임혜정
인사총무팀 강미숙, 지석배, 김혜진, 황종원
제작관리팀 이소현, 김소영, 김진경, 최완규, 이지우, 박예찬
물류관리팀 김형기, 김선민, 주정훈, 김선진, 한유현, 전태연, 양문현, 이민운

펴낸곳 다산북스 **출판등록** 2005년 12월 23일 제313-2005-00277호
주소 경기도 파주시 회동길 490 다산북스 파주사옥 3층
전화 02-702-1724 **팩스** 02-703-2219 **이메일** dasanbooks@dasanbooks.com
홈페이지 www.dasanbooks.com **블로그** blog.naver.com/dasan_books
용지 신승INC **인쇄** 민언프린텍 **코팅 및 후가공** 제이오엘앤피 **제본** 다온바인텍

ISBN 979-11-306-4609-1(03100)

• 책값은 뒤표지에 있습니다.
• 파본은 구입하신 서점에서 교환해드립니다.
• 이 책은 저작권법에 의하여 보호를 받는 저작물이므로 무단 전재와 복제를 금합니다.

다산북스(DASANBOOKS)는 독자 여러분의 책에 관한 아이디어와 원고 투고를 기쁜 마음으로 기다리고 있습니다. 책 출간을 원하는 아이디어가 있으신 분은 다산북스 홈페이지 '원고투고'란으로 간단한 개요와 취지, 연락처 등을 보내주세요. 머뭇거리지 말고 문을 두드리세요.